传承红色基因系列

主 编
辛向阳

执行主编
陈志刚

编委会
辛向阳　李正华　樊建新　杨明伟
龚　云　林建华　陈志刚　杨凤城　李佑新

高原守护者
孔繁森

KONGFANSEN

夏春雨 ◎ 著

人民日报出版社
北京

图书在版编目（CIP）数据

高原守护者 : 孔繁森 / 夏春雨著 . -- 北京 : 人民日报出版社, 2025.4
　　ISBN 978-7-5115-8199-0

Ⅰ.①高… Ⅱ.①夏… Ⅲ.①孔繁森（1944-1994）—先进事迹 Ⅳ.① D263

中国国家版本馆 CIP 数据核字（2024）第 026157 号

书　　名：	高原守护者 : 孔繁森 GAOYUAN SHOUHUZHE : KONG FANSEN
作　　者：	夏春雨
出 版 人：	刘华新
责任编辑：	周海燕　马苏娜
装帧设计：	元泰书装
出版发行：	人民日报出版社
社　　址：	北京金台西路 2 号
邮政编码：	100733
发行热线：	（010）65369509　65369512　65363531　65363528
邮购热线：	（010）65369530　65363527
编辑热线：	（010）65369518
网　　址：	www.peopledailypress.com
经　　销：	新华书店
印　　刷：	大厂回族自治县彩虹印刷有限公司
法律顾问：	北京科宇律师事务所　（010）83622312
开　　本：	710mm×1000mm　1/16
字　　数：	157 千字
印　　张：	13.5
版　　次：	2025 年 4 月第 1 版
印　　次：	2025 年 4 月第 1 次印刷
书　　号：	ISBN 978-7-5115-8199-0
定　　价：	58.00 元

如有印装质量问题，请与本社调换，电话（010）65369463

总　序

传承红色基因　赓续伟大精神

人无精神则不立，国无精神则不强。习近平总书记在党史学习教育动员大会上指出："在一百年的非凡奋斗历程中，一代又一代中国共产党人顽强拼搏、不懈奋斗，涌现了一大批视死如归的革命烈士、一大批顽强奋斗的英雄人物、一大批忘我奉献的先进模范，形成了井冈山精神、长征精神、遵义会议精神、延安精神、西柏坡精神、红岩精神、抗美援朝精神、'两弹一星'精神、特区精神、抗洪精神、抗震救灾精神、抗疫精神等伟大精神，构筑起了中国共产党人的精神谱系。"①在庆祝中国共产党成立100周年大会上，习近平总书记进一步指出："一百年前，中国共产党的先驱们创建了中国共产党，形成了坚持真理、坚守理想，践行初心、担当使命，不怕牺牲、英勇斗

---

① 习近平：《在党史学习教育动员大会上的讲话》，《求是》2021年第7期。

争,对党忠诚、不负人民的伟大建党精神,这是中国共产党的精神之源。"①革命理想高于天。以伟大建党精神为源头的中国共产党人的精神谱系,是我们党和国家红色基因的重要组成部分,已经深深融入中华民族的血脉和灵魂,成为鼓舞和激励中国人民不断艰苦奋斗、攻坚克难、从胜利走向胜利的强大精神动力。

中国共产党的党旗是红色的,中华人民共和国的国旗是红色的——红色是中国共产党和中华人民共和国最鲜亮的底色。红色基因是我们党的血脉和灵魂,是我们党的宝贵财富和精神力量。在革命战争年代,中国共产党人随时面临生死考验。第一次国共合作失败后,中华大地被白色恐怖笼罩,革命者血流成河,但是他们没有被腥风血雨吓倒。夏明翰身陷牢狱坚贞不屈,在给妻子的家书中发出"坚持革命继吾志,誓将真理传人寰"的豪迈誓言。1936年,共产党员赵一曼在与日军作战中负伤被俘,面对敌人的严刑拷打,她宁死不屈,从容就义,年仅31岁。在抗美援朝战争中,时任志愿军某部连长的杨根思,坚守阵地,在危急关头,抱起仅有的一包炸药,拉燃导火线,纵身冲向敌群,与敌人同归于尽,生命定格在28岁……

回顾历史,100多年来,我们党始终把为中国人民谋幸福、为中华民族谋复兴作为自己的初心使命,始终坚持共产主义理想和社会主义

---

① 习近平:《在庆祝中国共产党成立100周年大会上的讲话》,《人民日报》2021年7月2日第2版。

信念，遭遇无数艰难险阻，经历无数生死考验，付出无数惨烈牺牲，以"为有牺牲多壮志，敢教日月换新天"的大无畏气概，团结带领全国各族人民为争取民族独立、人民解放和实现国家富强、人民幸福而不懈奋斗，书写了中华民族几千年历史上最恢宏的史诗，创造了人类发展史上的伟大奇迹。习近平总书记强调："要深刻认识红色政权来之不易，新中国来之不易，中国特色社会主义来之不易。"

把红色基因传承好，确保红色江山永不变色，是我们的历史责任和光荣使命。党的二十大的主题是："高举中国特色社会主义伟大旗帜，全面贯彻新时代中国特色社会主义思想，弘扬伟大建党精神，自信自强、守正创新，踔厉奋发、勇毅前行，为全面建设社会主义现代化国家、全面推进中华民族伟大复兴而团结奋斗。"党的二十大闭幕后不到一周，习近平总书记带领新当选的二十届中共中央政治局常委瞻仰延安革命纪念地，庄严宣示新一届中央领导集体赓续红色血脉、传承奋斗精神，在新的赶考之路上向历史和人民交出新的优异答卷的坚定信念。新时代新征程，我们要牢记"三个务必"，牢记红色政权是从哪里来的、新中国是怎么建立起来的、新时代伟大变革的成就是如何取得的，坚定道路自信、理论自信、制度自信、文化自信，坚定历史自信，增强历史主动，谱写新时代中国特色社会主义更加绚丽的华章。

"传承红色基因"系列图书，坚持以习近平新时代中国特色社会主义思想为指导,旨在从党的百年伟大奋斗历程中汲取继续前进的智慧和力量,讲好红色故事、传承红色基因、赓续红色血脉,坚定理想信念,为全面建设社会主义现代化国家、全面推进中华民族伟大复兴凝聚强大精神力量。

是为序。

辛向阳

2023年11月29日

一个人爱的最高境界是爱别人,

一个共产党员爱的最高境界是爱人民。

目 录

绪 论 与"老西藏精神"一脉相承的孔繁森精神 ……………… 001

第一章 孔繁森的生平及孔繁森精神的形成

第一节 孔繁森的生平概述 …………………………………… 013
第二节 孔繁森的援藏经历 …………………………………… 021
第三节 我国干部援藏政策培植了孔繁森精神 ……………… 041
第四节 孔繁森精神的特征 …………………………………… 052

第二章 孔繁森精神的基本内涵

第一节 忠诚担当的坚强党性 ………………………………… 071
第二节 一心为民的公仆情怀 ………………………………… 079

01

第三节　克己奉公的高尚品质············090

第四节　迎难而进的拼搏精神············095

第五节　开拓进取的优良作风············100

第三章　孔繁森精神的历史定位

第一节　党员干部崇高理想的精神丰碑············111

第二节　党员干部为民担当的光辉典范············124

第三节　党员干部高尚情操的道德楷模············133

第四章　孔繁森精神的时代价值

第一节　用科学的理论凝心铸魂············153

第二节　争做新时代人民勤务员············170

第三节　求真务实担当有为············178

第四节　永葆共产党人的纯洁本色············186

结　语　坚定的理想信念是共产党人精神上的"钙"············195

参考文献············199

绪 论

与"老西藏精神"一脉相承的孔繁森精神

2002年12月31日,时任浙江省委书记的习近平同志在浙江省组织工作会议上指出:"孔繁森精神,首先体现的就是老西藏精神。"孔繁森精神与"老西藏精神"一脉相承,在孔繁森同志援藏工作期间,其身上就处处彰显出"特别能吃苦、特别能战斗、特别能忍耐、特别能团结、特别能奉献"的"老西藏精神"。多年来,孔繁森精神不仅没有过时,而且随着时代的发展历久弥新,穿越时空,成为感动和激励千千万万中华儿女,引领广大藏族儿女和援藏干部在新的历史时期赓续伟大传统、奋斗伟大事业、推动伟大复兴的强大精神动力。

一、孔繁森精神与"老西藏精神"一脉相承

"老西藏精神"是"特别能吃苦、特别能战斗、特别能忍耐、特别能团结、特别能奉献"的精神。1950年,以中国人民解放军十八军为主力,为解放深受封建农奴制压迫的百万农奴,开启了进军西藏的大幕。十八军在进藏途中以及此后在藏,开展了一系列开山造路、垦荒生产、除冤平叛、民主改革、自卫反击等建设新西藏的生产和革命活动,在这一具有历史意义的过程中,十八军将士和老一代进藏工作者在解放西藏,固边兴藏,建设新西藏的革命、改革等活动中,充分展现出一种艰苦奋斗、吃苦耐劳、无私奉献的优秀品质,逐步凝铸成"老西藏精神"。可以说,"老西藏精神"就是在极其贫瘠恶劣的自然地理条件下、在艰难困苦的革命斗争环境中孕育诞生的,其基本内涵就是爱国主义、自力更生,不畏艰险、开拓进取,吃苦耐劳、敢闯善拼,亲民爱民、戍疆卫国的有机统一。

1990年7月22日,江泽民同志考察西藏时,在听取各方面工作汇报后,提出并强调要大力发扬"老西藏精神"。1990年8月1日,江泽民同志为驻藏部队题词"发扬老西藏精神,戍边卫国建新功",要求部队"继承十八军的光荣传统,大力发扬'老西藏精神',艰苦创业,努力奋斗,把部队建设好"。2001年3月5日,在九届全国人大四次会议上,时任西藏代表团团长的热地,建议把"特别能团结"丰富到

"老西藏精神"中去,这一建议被中央采纳,于是就形成了"特别能吃苦、特别能战斗、特别能忍耐、特别能团结、特别能奉献"的"老西藏精神"。

"老西藏精神"在新中国建设和新西藏改革发展的岁月变迁中得到不断继承、丰富和发展。十八军进藏、开山筑路、开荒生产的艰苦实践以及部队进藏使命的胜利完成,孕育了"老西藏精神";驻藏部队在西藏的平叛斗争、民主改革、社会主义革命和建设中,发展了"老西藏精神";改革开放和社会主义现代化建设新时期,党团结带领西藏各族干部群众进行兴藏固疆的伟大实践,以及思想文化领域的激烈交锋,升华了"老西藏精神"。

这种"特别能吃苦、特别能战斗、特别能忍耐、特别能团结、特别能奉献"的"老西藏精神"实质,在孔繁森身上和孔繁森精神中得到了充分展示。孔繁森精神与"老西藏精神"一脉相承,都是我党优良传统与西藏革命、建设特殊历史实践相结合的产物,是一代又一代援藏干部、驻藏官兵同西藏各族群众一道前仆后继、百折不挠、英勇奋斗凝结而成的宝贵精神财富。

二、孔繁森精神为"老西藏精神"注入新的时代内涵

"在高原上工作,最稀缺的是氧气,最宝贵的是精神。""广大

党员、干部要发扬优良传统，不断为'老西藏精神'注入新的时代内涵。"2015年，习近平总书记在中央第六次西藏工作座谈会上掷地有声的话语，为新时代西藏的繁荣稳定绘就了理想和信念的底色。一代又一代人在赴藏援藏驻藏扶藏的过程中深入弘扬和践行孔繁森精神，为"老西藏精神"注入了传之久远、源源不断的时代内涵。

近年来，根据中央第六次西藏工作座谈会提出的加强人才和技术援藏的工作要求，"组团式"医疗人才援藏工作持续深入开展，来自全国各地的多批援藏医疗队相继奔赴西藏，呈现出白衣战士为西藏人民的身体健康驰援青藏高原的生动景象。尽管高原高寒缺氧的气候条件让绝大多数医疗队员时常感到不适，很多医护人员刚开始查房时从病房一头走到另一头就要歇好几次，但为了向患者展现新时代共和国白衣天使的良好风貌，他们就大口喘气以保持在面对患者、与其交流时声音平稳。艰苦的自然环境、与家人长期分离的忧思，对于援藏的内地医护人员而言本身就是一种不小的身心考验，但正是受到孔繁森精神的感召和影响，医疗队员练就了吃苦耐劳、不怕牺牲、迎难而上、舍我其谁的超常意志品质。他们坦言，长期在西藏工作确实是艰苦的，但一点都不后悔，一辈子有这样一段经历、有这样一种情结、有这样一次回忆，值得！

2020年8月28日至29日，习近平总书记在中央第七次西藏工作座谈会上强调："广大干部特别是西藏干部要发扬'老西藏精神'，缺氧不缺精神、艰苦不怕吃苦、海拔高境界更高，在工作中不断增强责任感、使命感，增强能力、锤炼作风。"新中国成立70余年来，尤其是改革开放40余年来，在中国共产党的正确领导下，在社会主义制度下，经过西藏各族人民的不懈努力，西藏的面貌发生了翻天覆地的变化，西藏人民过上了幸福生活。在这一壮阔的历史过程中，"老西藏精神"历久弥新，不断焕发新的生机与活力。一批又一批援藏干部、驻藏官兵响应党的援藏政策号召，舍家赴藏，续写着共产党人的高尚情操和崇高境界之歌。几十年如一日，全心全意为官兵和藏区群众服务的"雪域高原好军医"李素芝；主动请缨援藏，填补了西藏生态学植物学空白，培养出西藏大学第一位植物学博士的复旦大学教授钟扬……一代又一代援藏干部、一批又一批驻藏官兵舍弃常人所拥有的、放弃常人所享受的，怀揣着对党和人民的赤胆忠诚，扎根雪域高原，矢志艰苦奋斗，以孔繁森式的无私奉献，不断为"老西藏精神"、孔繁森精神注入新的时代内涵。

发扬孔繁森精神，援藏干部和驻藏官兵给西藏百姓生活的方方面面带来了新的气息，绘就了绚丽美好的图景。自党中央做出各省（区、市）对口援助西藏重要部署以来，对口援藏省（区、市）及对口援藏央企，不断加大投入力度，从给资金、建项目，到培育产业、经济合作、技术支持，千方百计推进西藏与全国同步发展，为西藏基本解决区域性整体贫困、交出经得起检验的高原脱贫答卷，注入动力。截至2020年底,西藏及广大藏区贫困群众与全国贫困人口同步脱贫。"十三五"期间,仅教育部直属系统就先后选派干部120多人次,选派援藏教师2400余人次,支持西藏逐步建立起较为完备的现代教育体系。北京、上海、广东等17省(区、市)的援藏教师不仅为西藏带来了先进的教学理念和管理经验,更重要的是为雪域高原和广大藏族同胞播下了优质教育、乐学筑梦的希望种子。从巍峨高耸的喜马拉雅山到一望无垠的藏北草原,从千沟万壑的藏东乡村到遥远壮阔的"天上阿里",电网一米一米延长,生活一天一天改变。在海拔5000多米的电力天路建设现场,在条件艰苦的农村电网应急抢险一线,处处都有援藏"供电人"忙碌的身影。援藏"通信人"在雪域高原上默默奉献,为信息"天路"保驾护航。如今,5G通信技术正在雪域高原普及,在医疗、旅游等多个行业实现应用。从"用上电"到"用好电",从拉水、挑水到用上干净卫生的自来水,从曲折泥泞的小路到越织越密的高原路网,西藏百姓亲历了发展跨越。

三、从"老西藏精神"、孔繁森精神中汲取奋进新时代的力量

莽莽高原、山川锦绣,有些精神重于喜马拉雅山、高于珠穆朗玛峰;岁月如歌、静水流长,有些精神永不尘封、薪火相传,这就是永恒的精神丰碑——"老西藏精神",以及与"老西藏精神"一样熠熠

闪耀的孔繁森精神。岁月无声,精神永续。西藏地处世界屋脊,条件艰苦,是我国重要的少数民族聚居区和重要的边境地区,经济社会发展形势复杂、任务繁重。"老西藏精神"、孔繁森精神这些宝贵的精神财富,滋养了一代又一代共产党人,他们用理想信念之光照亮奋斗之路,用信仰信心之力开创美好未来。在挺进高原途中,十八军将士用舍我其谁的英雄气概,逢山开路、遇水架桥,披荆斩棘、开荒种粮,演绎了中国共产党领导下的人民军队践行忠诚与使命的奋进交响。张国华背女誓师,谭冠三忍送骨肉。三千公里进藏路风雪坎坷,十万赤胆忠魂壮心不已,那种与一切艰难险阻斗争到底的壮举,使所有障碍退缩、困苦低头。

时代变了,但初心不变、使命如初。孔繁森两离桑梓,重人民利益如冈底斯山脉,视名利淡如狮泉河水。条件变了,理想不变,信仰如磐。羌塘草原的祁爱群、雅鲁藏布江畔的慕育军,用饱蘸生命的浓墨,书写了共产党人的初心与使命;"门巴将军"李素芝,把信仰高高举过头顶,40余年坚守雪域高原、守望生命,注解了新时代的"老西藏精神",续写了新时代的孔繁森精神。

无论什么时候,"老西藏精神"、孔繁森精神都是西藏各族人民的情感依托、心灵家园,都是激励西藏各族干部群众战胜困难、开拓进取的强大精神力量。在党中央坚强领导下,在"老西藏精神"、孔繁森精神等的激励下,一大批优秀共产党员,舍弃常人所拥有的、放弃常人所享受的，扎根雪域高原，矢志艰苦奋斗，一棒接着一棒跑，一任接着一任干，一代接着一代传，创造了一个又一个高原奇迹、人间奇迹，谱写了西藏从"站起来"到"富起来"的壮丽诗篇。

船到中游浪更急，人到半山路更陡。中国特色社会主义进入新时代，聚焦人民对美好生活的向往，聚焦谱写中国梦西藏篇章的关键时期，聚焦复杂多变的国际形势，各级党员干部要大力弘扬"老西藏精神"、孔繁森精神，以对信仰信念的笃定坚持，逢山开路、遇水架桥；以对初心使命的始终坚守，团结向上、创新开拓，再绘雪域高原美丽新画卷。

弘扬"老西藏精神"、孔繁森精神，筑牢政治意识是根本。面对新形势新任务，必须全面贯彻新时代党的治藏方略，坚持统筹推进"五位一体"总体布局、协调推进"四个全面"战略布局，铸牢中华民族共同体意识，确保国家安全和长治久安。而这些需要坚持和加强党的组织和政权建设，对于广大党员干部而言，要不断增强"四个意识"、坚定"四个自信"、做到"两个维护"，永葆对党忠诚、热爱祖国、关心西藏的中华民族共同体意识，在党的领导下汇聚起国家安全和长治久安的磅礴力量，努力为建设团结富裕文明和谐美丽的社会主义现代化新西藏不懈奋斗。

弘扬"老西藏精神"、孔繁森精神，提升干事本领是关键。在党中央坚强领导下，在全国人民大力支持下，西藏各族干部群众团结一心、艰苦奋斗，解决了许多长期想解决而没有解决的难题，办成了许多过去想办而没有办成的大事，各项事业取得全方位进步、历史性成就。西藏地处高原地区，自然条件不优越，推动西藏经济、社会、生态文明等各项事业发展，需要广大党员干部激发不怕吃苦、不畏艰辛的意志品质，方能不断增进百姓群众的获得感、幸福感和安全感。

弘扬"老西藏精神"、孔繁森精神，从严治党是保障。各级党组织和广大党员、干部要成为带领各族群众应对风浪考验、战胜困难挑战的领头羊和主心骨，需不断推进全面从严治党，全面加强各级领导班子、干部人才队伍、基层组织建设，坚持以习近平新时代中国特色社会主义思想为指导、以新时代党的建设总要求和党的组织路线为遵循，增强各级党组织的政治功能和组织功能，释放强大的政治领导力、思想引领力、群众组织力、社会号召力。

厚爱如山，情深似海。在以习近平同志为核心的党中央领导下，世界屋脊、雪域高原正在发生着前所未有的巨变。高原大地格桑花开，景美如画，西藏各族干部群众精神昂扬，生活幸福美满。新时代西藏的明天一定会更加美好。

第一章
孔繁森的生平及孔繁森精神的形成

无论在哪个阶段，在哪种人生角色中，孔繁森同志始终没有丢掉劳动人民的本色，始终保持共产党员的本色，时时处处严格要求自己。孔繁森精神体现了个体与组织的统一、人格与真理的统一、精神与时代的统一，具有平凡中见伟大、质朴中见崇高的特点。孔繁森同志把有限的生命完全投入无限的为人民服务，孔繁森精神集中体现了在新的历史条件下，党员领导干部为党和人民的事业生命不息、奋斗不止的理想追求和精神风貌。

第一章 孔繁森的生平及孔繁森精神的形成

第一节 孔繁森的生平概述

古老的京杭大运河宛若蛟龙,穿过美丽富饶、人文荟萃的鲁西平原。素有"江北水城"美誉的山东聊城就是这条锦带上的一颗明珠。

历史上的聊城属齐鲁之邦,承"周孔遗风",朴实善良的人民"知礼逊,习俗节俭,人多读书,士风彬彬,贤良宏博"。据史书记载,聊城就在当年孔子游学传训的范围内。孔子伟大的思想铸华夏之精魂,养民族之正气,育中华之文风,泽被后世,源远流长。距聊城市大约20公里的堂邑镇五里墩村就是孔繁森的家乡,这个小村庄宁静、自然、淳朴,全村老少都姓孔,都是孔子的后裔。

孔繁森
(1944—1994)

013

一、出身寒门

孔繁森在老家五里墩的院落（1968年）

1944年，中国大地战火纷飞，全民族同仇敌忾、举国抗日。就在这一年7月，孔繁森出生在聊城市堂邑镇五里墩村一户普普通通的贫农家庭。孔繁森的父母是没有文化、老实巴交的农民，一辈子靠种地为生。孔繁森兄弟姐妹五个，在三兄弟中孔繁森最小。因家境贫寒，孔繁森的两个哥哥没有上过学，相比之下他自幼聪明伶俐，童年是在长辈关于孔融让梨、将相和、苏武牧羊、武训乐善好施等故事中度过的，是与小伙伴在文庙玩耍中度过的……

地域文化和温良家风的熏陶，使孔繁森从小就有一个梦想：要好好读书，努力学习文化知识，长大后为老百姓办好事，做一个有作为、受人敬仰的好人。

二、品学兼优

孔繁森从小聪明懂事,虽然家里生活贫苦,但父母还是咬牙决定让他读书。1952年,8岁的孔繁森开始在五里墩村路庄小学上学,外村调来的赵伯祥老师是他学校教育的启蒙老师。

孔繁森喜欢读书,十分珍惜来之不易的上学机会,学习很刻苦。无论刮风下雨,他总是第一个来到学校,平时学习用具都收拾得整整齐齐。当时他尤其喜欢看有关历史人物的故事,如一代清官包拯、海瑞、狄仁杰等,他们清正廉洁、刚直不阿的为官事迹与作风在幼小的孔繁森心里埋下了"堂堂正正为人,清清白白做事"的种子。孔繁森对常给他讲故事的长辈说:"我长大也要做一个像包公这样的清官,为老百姓办好事。"小学课文《朱德的扁担》一课使他深受教育,朱德同志爱兵如子的品质深深印刻在孔繁森的心灵深处,以至于后来他还经常讲给自己的子女和别的孩子听。

三、尊老爱幼

孔繁森童年接受的是中国普通家庭最正统的教育,他自幼比较懂事,尊重长辈,与人为善。据乡亲和同学回忆,读小学时他就是个集体荣誉感很强的孩子,团结同学,乐于助人。在劳动课上他总是号召先完成任务的同学帮助还未完成任务的同学，每逢下雨他总是主动帮助年纪小的同学背书包，每天上课前他总是先到教室，把桌椅摆放整齐、垃圾清理干净。

　　孔繁森不仅孝顺自己家里的长辈，也很尊重村里的长辈。村里的老人不管遇到什么困难，只要让他碰上，他都会主动热心帮忙。1956年冬，一场大雪过后，路上结了厚厚的冰，路面很滑。四年级的孔繁森在放学回家走到村口时，听到有人呼救，急忙跑过去——原来是一位70多岁的老奶奶，滑倒在雪地上，怎么也起不来。这是一位孤寡老人，无儿无女，每天要自己去村口提水。孔繁森扶起老人，背上就走，尽管只有10多岁的他背着老人走路很吃力，但他还是硬咬着牙将老人送到五六里远的堂邑镇医院……此后，他还和同学组成了义务小组，每天放学后轮流照顾老人。

四、志存高远

　　1958年，正是全国上下轰轰烈烈搞社会主义建设的时期。这一年，14岁的孔繁森考入堂邑镇农中。在那个"大跃进"的特殊年代，十几岁的学生和农民、工人一样天天参加劳动，大炼钢铁，田间地头、工厂车间到处是挥汗如雨的人。短暂的、半工半读的初中学习，虽然并没有让孔繁森增长太多的科学文化知识，但有一件事对他触动很大。他在学校里听老师讲过爱迪生的故事,便幻想着有一天家里也能通上电,那样母亲就能在明亮的电灯下做针线活了,自己也不用再在光线昏暗、烟熏眼睛的煤油灯下学习了。当他听说聊城成立了技工学校,设有农机、电工等专业时,就暗下决心:"我要当电工,让家乡实现电气化!村里大爷大娘干活太累了!"于是,他把要去技工学校电工专业学习的想法告诉了父亲。父亲高兴地说:"好啊,你去试试吧,要是能考上,你就是咱家里最有出息的人了,到时可别忘了为咱村争口气,爹等着你光宗耀祖呢。"

1959年,15岁的孔繁森还未完成镇农中的学习,便如愿考入了聊城地区技工学校电工专业。入学后,他被分到电工206班。在浓厚的学习兴趣和强大的学习动力驱使下,孔繁森学习十分积极主动,格外刻苦认真,是有名的"三多两难"学生:看的书多,思考的问题多,做的实验多;提的问题难,做的作业难。为了能让家乡早日通上电,他珍惜在校学习的分分秒秒,每天第一个到教室,晚上同学都睡了,他就躲在被窝里用手电筒照亮继续看书。功夫不负有心人,他每次考试都名列前茅,年年被评为三好学生和优秀少年。

五、军旅生涯

1961年夏,在聊城技工学校临近毕业的孔繁森,正赶上部队到学校征兵。怀揣更加高远的目标,17岁的孔繁森光荣地加入了中国人民解放军。入伍后,他被分到济南军区总医院当公务员。医院医务部副主任徐诚和她的丈夫济南军区政治部军事法院院长马从忻成为他的良师益友。他对两位老红军非常敬重,对他们的饮食起居照料得非常精心周到。两位老人也很喜欢孔繁森,认为他不仅勤快有礼,做事有板有眼,而且乐于助人,虚心学习。徐诚便经常利用空余时间教他一些医学知识。鉴于孔繁森各方面表现出色,他被评为"五好战士"。

1963年,济南军区副司令员张耀汉(老八路)因坐骨神经痛住进济南军区总医院,在张司令员住院生活不能自理的半年时间里,都是孔繁森精心照料。张耀汉经常指导孔繁森阅读一些理论书籍。有一次,孔繁森为了让老首长改变一下口味,特地到食堂要了半碟子甜酱和几棵大葱,不料此举却受到了批评。张耀汉对他说:"咱是人民的军队,不能搞特殊,这是咱部队的传统,也是铁的纪律。"此事对孔繁森教育很深。正是在三位老前辈的教导、影响下,在部队这所大学校里,孔繁森更

孔繁森(前排右一)获奖时和战友的合影
(1964年10月)

第一章　孔繁森的生平及孔繁森精神的形成

加快速、全面地成长，他时时处处以雷锋为榜样，钻研毛泽东著作，苦练军事技术，连续8次参加济南军区军直积极分子代表大会，连续6年被评为"五好战士"和"学习毛主席著作标兵"。1964年，孔繁森被调入济南军区警卫营，担任副班长，思想政治素养和军事业务水平更是节节攀升。作为一名军人，他不仅在部队表现优秀，就连回家休假，也不忘脱下军装主动参加生产劳动，连工分也不要。

孔繁森当兵期间
获得的奖品（1961年）

1966年9月，早就在生活的磨砺、岁月的积淀中树立了远大理想和坚定信念的孔繁森，光荣加入了中国共产党。

六、报效桑梓

孔繁森的家乡五里墩村很穷，源于自然地理条件比较恶劣，生产方式比较传统。村里有500多亩的盐碱涝洼地，无法种庄稼。村里的老人都知道过去有句话用来形容五里墩村："村东一片白花花，村西一片盐疙瘩。"直到20世纪90年代末，村里还有50多个光棍娶不上媳妇。孔繁森生长于斯，将这些看在眼里，记在心里，他离开家乡后无论走到哪里，都始终心系故土，始终惦记着怎样通过自己的努力，带领乡亲们早日走出贫困。他从部队转业后，先后在聊城技工学校革委会、聊城地区革委生产指挥部、聊城地委宣传部等部门担任领导职务。

这一时期，他总是在做好本职工作以外，千方百计想着让家乡富裕起来，让乡亲们过上好日子。每逢休假探亲回到家乡，他都要和村里的干部仔细商量怎样才能改变村里的生产生活面貌。他说："咱不光要多种粮食，咱还得向荒地要财富。"在他的建议和推动下，1981年春，村里的盐碱地上建起了一座砖窑，一年为村里增加收入四五万元。在他的建议下，村里搞起了新村规划，"集体经济发展的同时还要想着大伙，谁家盖新房，村里就补贴两万五千块砖。"在短短两年的时间里，村里建起了84座砖瓦新房。在烧砖取土挖出的大坑里，还建起了70多亩的鱼塘。1982年，村里投资4.6万元，给家家户户通上电，结束了点煤油灯的历史。1983年，村里又投资了2万多元在马颊河畔打了一眼深井，从此家家户户用上了自来水。后来，孔繁森又带领乡亲们搞起了果树种植，把村里280多亩闲置撂荒的土地变成了春满繁花、秋实累累的苹果园。

第一章　孔繁森的生平及孔繁森精神的形成

第二节　孔繁森的援藏经历

孔繁森精神的核心内涵与孔繁森的援藏经历是辩证统一的。他在自己的援藏历程中，把党的民族政策，把党和国家对少数民族地区、对少数民族同胞的亲切关怀不折不扣地带到西藏，带到西藏同胞的生产、生活之中。

孔繁森以一名领导干部的家国情怀、公仆意识、高尚品质和为民情感，践行着共产党人"位卑未敢忘忧国"的

孔繁森第一次赴藏前的留影
（1979年）

使命担当，诠释着"共产党人爱的最高境界是爱人民"的崇高精神境界。透过孔繁森的援藏经历，我们看到了共产党人生动而深沉的家国情怀、朴素而深厚的人民情感、自觉而笃定的宗旨意识、平凡而崇高的精神境界和价值追求……追忆孔繁森的援藏经历，我们不难找到孔繁森精神形成的密码，不难揭示出共产党人何以得到包括藏族同胞在

内的广大人民的爱戴和拥护、中国共产党和中华民族何以在面对各种风浪考验时始终保持稳健前行的密码。

一、第一次进藏，岗巴情缘

1979年的春天，五里墩村的苹果花芬芳益然，小河欢唱，杨柳吐黄……这是一个生机勃勃、充满新希望的春天。当时，孔繁森已经历了学校、部队、工厂的培养与历练。就是这个春天，开启了孔繁森人生不平凡的历程。一天，聊城地委组织部一位同志找他谈话，说："省里要选拔一批干部支援西藏，组织上考虑你年轻，工作能力又强，想派你到西藏去工作，担任西藏日喀则地委宣传部副部长，你考虑一下。"孔繁森没多考虑，便说："行。"组织部的同志对孔繁森说："家里如果有什么困难，尽管向组织提。"孔繁森说："我是一名共产党员，坚决服从组织安排，到祖国需要我的地方去工作，家里有困难可以克服。"

当时他的家人都在农村，母亲已年近八旬，患有高血压、偏瘫，生活不能自理。妻子王庆芝多年积劳成疾，三个年幼的孩子最大的8岁，最小的才2岁，本已生活很艰难。如果孔繁森此时进藏，无疑伺候这一家老小的重担将由体弱多病的妻子一人来承担。如果孔繁森把这些实情告诉组织，组织会考虑他的实际困难的。但他没有把自己的困

第一章 孔繁森的生平及孔繁森精神的形成

难、家庭的困难摆在前面，而是凭借着党员干部自觉的责任感和使命感，毅然服从工作的需要、组织的安排。他就这样肩负着党的重托，带着对家人的牵挂，在榴花盛开的季节，同山东的援藏干部向雪域高原进发了。一切涉及个人得失的问题对孔繁森来说，都轻于忠诚组织、为官为民的"初心"和"使命"。

第一次入藏前，
孔繁森与母亲的合影（1979年）

20世纪70年代末，西宁到格尔木还未通火车。孔繁森一行从西宁开始乘坐大客车，沿着青藏线109国道，经过整整6个日夜的长途跋涉，行程2000多公里，才到达拉萨。一路上，援藏干部的心情从最初的新奇、惊喜到渐渐习惯，归于平静，他们途经素有"西海屏风""草原门户"的日月山，穿越巍峨的昆仑山和海拔5000多米的唐古拉山，闯过寂寥的可可西里无人区和素有青藏线"鬼门关"之称的五道梁，经羊八井最后到达拉萨。尽管一路上还有青海湖的明丽静美、不冻泉的欢畅清澈、沱沱河的蜿蜒动人，但他们根本无心赏景。因为，这一路的艰苦遭遇已足以给这些首次进藏的"新人"一个"下马威"。

瞬息万变的气候，人迹罕至的草原，尤其是高原缺氧，对他们的精神意志是一种极大的考验。当到达海拔4800米的昆仑山口，走进可可西里无人区和五道梁时，大家的高原反应已经非常强烈，胸闷、晕眩、呕吐、心跳过速，头痛得要裂开一般。当随行的医生将最后的半袋氧气递给孔繁森时，他很自然地推开了，坚持把氧气留给其他同志。就在这半袋氧气也用完的时候，一名援藏干部因为强烈的高原反应出现昏迷，面临生命危险。唯一可行的救治方案就是将其送到最近的兵站。可是兵站在山脚下，车无法到达。孔繁森便不顾自己的安危，背起同伴向兵站走去。在平原一公里的路程不算什么，但这里是海拔近5000米、空气中含氧量仅为平原40%的高原，对于本就身体不适的孔繁森来说，每走一步都是艰难的，更何况还要背着一个人，可以说这时的孔繁森背的不仅是同伴的生命，也包括他自己。在兵站治疗的一天里，他悉心照料和鼓励同伴，最终使其转危为安。短短6天的艰难路程，很多细节已经可见孔繁森处处舍己为人的品质。

在山东时，孔繁森是聊城地委宣传部副部长，这次进藏，组织上原本安排他任西藏日喀则地委宣传部副部长。可当他拿着通知去日喀则地委报到时，却被告知："派你去岗巴担任县委副书记怎么样？"这一次孔繁森仍然不假思索地应允："我年轻，没问题，大不了多喘几口粗气。"尽管他刚到西藏，只了解一些表面情况，但他深知岗巴的条件肯定不如日喀则优越。但他仍然同选择进藏一样，没有向组织提任何要求。这些选择在孔繁森那里是那样的自然和平常。

第一章 孔繁森的生平及孔繁森精神的形成

其实，岗巴的情况比孔繁森预想的更为艰苦。整个岗巴县只有不到1万人口，县域内70%的地区是高原丘陵，全县平均海拔超4700米，县城距离日喀则310多公里，距离拉萨580多公里，境内自然条件比较恶劣，植被稀疏，是西藏有名的贫困县。别说岗巴县城的建设，就连岗巴县委也是在一个没有院子的山冈上几个生锈的铁皮房子里办公……尽管这里的条件艰苦程度超出了他的想象，但并没有动摇他留下来完成使命的决心。到任之初，他仅用56天就跑遍了岗巴县所有的公社和村庄。他很快适应了高原反应，学会了骑马，熟悉了藏语，学会了和藏族群众一样吃糌粑，喝酥油茶、青稞酒，吃在牛羊粪火堆里烘出的带血丝的羊肉……完全融入当地生活，很快适应了雪域的一切。

孔繁森向藏族同胞学习打酥油茶
（1979年）

孔繁森问候站哨官兵们
（1981年）

有一次，孔繁森到牧民家里慰问，他骑的马因受到牧民家藏獒的惊吓猛地狂奔起来，他一只脚被套在马镫上，拖出十几米远后被狠狠地摔在地上，这一次他整整昏迷了一个星期。当他醒来一睁开眼，便看到守护在身边的牧民那焦虑的眼神和老阿妈手中不停转动的经筒。他被眼前的一幕感动了，被牧民的淳朴感动了，他暗下决心一定要用有限的时间为他们多做好事、多做实事。除了与岗巴人民结下深情厚谊外，当兵出身的孔繁森时刻不忘驻守在雪域高原的战友。在从西宁去拉萨的路上，他便一路到访途经的哨卡，带去对官兵的问候。在岗巴工作的3年时间里，他更是身体力行，做拥军爱兵的模范。只要有空，他便不忘去海拔超过5300米的查果拉哨所看望战士们。为了能让战士们改善一下，吃上一顿蔬菜，他利用一切去日喀则和拉萨的机会，为他们采购蔬菜，还把山东老家寄来的茄子干、豆角干、地瓜干等拿出一大半送给战士们。孔繁森就这样一点一滴地、深深地融入岗巴。1981年他圆满完成援藏任务，带着岗巴人民的深情回到了山东。

二、第二次进藏，拉萨深情

1988年，中央下发《关于为西藏选派干部的通知》，从北京、天津、河北等14个省市和国务院选派400多名党政干部和专业技术干部进藏工作，并规定专业技术干部在藏工作时间为3年，党政干部在藏

第一章 孔繁森的生平及孔繁森精神的形成 ★

工作时间为5年。此时的孔繁森已任聊城地区行署副专员。山东省委组织部在选派援藏干部领队时,认定孔繁森是最合适的人选。孔繁森再次面临人生的重要抉择。客观地讲,从政治素质、思想觉悟、工作能力和对西藏情况的熟悉程度而言,孔繁森无疑是最合适的援藏干部人选。但此时他的家庭负担比第一次进藏时更重,确切地讲是更加糟糕,老母亲已80多岁高龄,妻子王庆芝的身体健康状况更是大不如前,接连动了好几次大手术,3个孩子仍未成年……一大家子上有老下有小,他是一家之主,是家里的顶梁柱,如果他再去西藏,而且一去就是5年,家里这么重的担子势必又都压在身体更加孱弱的妻子身上!

孔繁森在阿里地区冈仁波齐神山下留影
(1993年)

儿女情长本就是为人情感之日常，这对党员领导干部而言也是一样，从情感和亲情层面而言，他们也是普通人。从社会角色角度而言，党员领导干部也是家庭的一员。面对这次选择，让孔繁森为难的不是组织的安排，也不是第二次进藏，更不是5年的援藏工作时间，让他放不下的是家庭重担落在妻子一个人肩上，放不下的是已耄耋之年的老母亲和3个尚未成年的孩子……但让人意外的是，当省委组织部的领导找孔繁森谈话时，他的回答与10年前一样："我是党的干部，坚决服从党的安排。"依然没有豪言壮语，依然那般朴素、忠诚、真挚，这就是孔繁森；纵然思绪百感交集，内心情感如万马奔腾，但面对党和国家事业发展的需要，面对责任与使命，依然如此笃定、坦然。这是何等的修为与境界，是何等的无私与崇高！

我愿做雪山上的一盏明灯
——第二次出征西藏

孔繁森

我不喜欢孤独的吟唱，

我不喜欢哀婉的忧郁，

我喜欢淋漓的欢乐，

我喜欢火热的生活，

第一章 孔繁森的生平及孔繁森精神的形成

我喜欢国土的广阔。

今天,接到命令:

奔赴西藏,第二次奔赴西藏,

我又陷入遥远的回忆——

想那片高原,

想那片有蓝天、白云的高原,

想那片酥油茶飘香的高原,

想那片流淌草原牧歌的高原,

想那片剽悍雄性的高原,

想那片佩藏刀饮大碗青稞酒的高原,

想那片雄伟高大的天然屏障,

回去了,又回来了——

离开故乡,离开那片生我养我的平原,

我不敢再想白发老母倚门望我回家,

我怕太阳下山之后,

大野里传来母亲的呼唤,

唤我,唤我,回家;

我怕那门前的酸枣树开花又结果,

红透了以后,

攥在母亲的手掌之中,

等我，等我，等我回家——

谁都有儿女情长，

羊羔跪乳，燕子衔食，

我知道男儿应该远行，

离家之前，我只想说——

祖国的每一寸土地都养人。

我知道出征的路程和分量，

我知道荣誉和牺牲、胜利和艰难，

绝不会单一降临到一个人的身上，

我要用妈妈的教诲、妻子的期待、朋友的支持，

来激励我勇敢顽强地站在祖国的高原——西藏。

为了祖国的每寸土地繁荣昌盛，

我愿做雪山上的一盏明灯，

把祖国的边疆西藏照亮。

1989年秋，孔繁森带着对家人的万般愧疚，带领15名山东援藏干部抵达拉萨，这一次，他被任命为拉萨市政府党组副书记、副市长，分管文教、卫生和民政等工作。孔繁森所分管的工作都是与老百姓贴得最近、联得最紧，需要落得最细的民生工作。从过往的工作历程中我们不难看出，他一向善于走近群众、走进基层。正因如此，孔繁森

第一章 孔繁森的生平及孔繁森精神的形成

密切联系群众的宗旨意识、公仆情怀和脚踏实地、长于调研的素养有了更大更坚实的舞台。为了尽快熟悉情况，孔繁森开展了一系列全面深入的调查研究。白天他处理市政府的日常工作，晚上就骑着自行车深入基层、深入一线、深入群众调研走访。到任后，孔繁森仅仅用4个月时间，就跑遍了全市8个县区的所有公办学校和一半以上的乡、村办小学，走访教职工600余人，全面摸清了拉萨市基础教育情况。他多次来到学校，深入师生，与他们耐心交谈，把党中央的政治主张、党和国家对西藏的关怀与关心传达给师生，细致耐心地做师生的思想政治工作。

一次，孔繁森到拉萨堆龙德庆县的敬老院调研走访，看到琼琮老阿妈的双脚被冻得又红又肿，他就打来热水亲自为老人洗脚，把脚抱在自己怀里暖着。回到拉萨的第二天，他就把准备给母亲的一双新布鞋托人捎给琼琮老阿妈。从那以后，每当他来到敬老院，都会去看望琼琮老人，赶上吃饭，他

孔繁森生前在阿里日土县看望藏族孤寡老人
(1993年)

便把包子掰开,一口一口地喂给老人家。在他担任拉萨市副市长期间,全市56家敬老院和社会福利院,他走访了48家。他把满腔的爱全部给了拉萨敬老院的老人。党从人民中走来,是广大人民用质朴的行动和温厚的胸襟养育了党,没有人民的哺育和关怀,也就没有党。这是每一位党员干部都应始终铭记于心、践之于行的认知和信念。我们必须清醒认识到,无论什么时候,无论在何种情况下,无论身居何位,脱离人民,失去人民,党就变成无源之水,势必遭遇挫折,甚至走向灭亡。

在拉萨工作期间,就孔繁森所分管的工作领域,越是基层条件越艰苦,越是艰苦的地方孔繁森越是要亲临调研、走访、慰问,帮助解决实际困难,一件事一件事地回应群众的关切,一心一意关心群众的冷暖。有一次,孔繁森到拉萨市尼木县卡如乡调研时,听说该乡泽南村村办小学只有1名女老师和6名学生,女老师一心乐教,甘为人梯,经常顾不上照顾自己的家人和4个孩子,无论怎样的天气,每天步行很远的路坚持给孩子们上课。了解情况后,孔繁森表示一定要去学校看看。泽南村地处偏远,海拔高,路况差,考虑到孔繁森的健康状况,随行同事善意劝阻。但他执意要去,硬是带着大家步行翻过好几座海拔4000米的大山,经历一场突如其来、差点危及生命的暴雪,来到了泽南村村办小学。当他到来时,老师和孩子们都惊得半天说不出话来,他们对这样的"大官"能够亲自来学校走访实在感到出乎意料。在学校,孔繁森详细地向老师了解学校教学和师生工作、学习、生活

第一章 孔繁森的生平及孔繁森精神的形成

等方面的困难,并一一做了细致的记录,临走时他向老师保证,一定想办法把学校、老师和孩子们的困难解决好。没过多久,泽南村村办小学所有困难一一得到回应和落实。

1992年7月,拉萨墨竹工卡县、尼木县、当雄县等地发生了里氏6.5级地震,震区是平均海拔4600米的牧区,其中,尼木县境内海拔7048米的穷母岗日峰还因为地震发生了雪崩,尼木玛曲河暴发了泥石流。这次天灾给三个县造成了不小的人员伤亡和财产损失。灾情就是出征令,孔繁森带领同事以最快的速度踏上了前往灾区的路。当勤务员让直到晚上7点多还没吃饭的孔繁森吃饭,担心灾后夜晚的路况更加危险让他休息一晚再走时,他急了:"这都什么时候了,个人安危算得了什么,这些都是人命关天的事,灾情就是命令,这个时候百姓最需要我们,马上走!"脚下的山路在余震中不断地颤抖,但孔繁森带领工作组"逆行的脚步"没有丝毫迟疑。当泥石流把车堵了,孔繁森就和勤务员一起用绳子拉……此时的孔繁森根本没有把自己当作一位市长,而更像是一位受命奔赴救灾前线的先

孔繁森在拉萨慰问灾民
(1992年)

遣队战士。在平时,这段本来只需几小时的路程,孔繁森和工作组足足走了一夜一天,历尽坎坷,第二天晚上才终于到达尼木县城。孔繁森顾不得休息片刻,便立即投入更加紧张忙碌的指挥救灾工作中。

三、第三段高原情,献身阿里

1992年底,孔繁森第二次援藏工作期满,此时西藏自治区党委任命他为阿里地委书记,他毫不犹豫地服从了党的决定和人民的需要。

到1992年底,孔繁森5年的援藏工作即将结束。山东省委组织部对孔繁森在援藏期间的工作给予了充分肯定和高度评价,也对他返鲁后的工作进行了安排。这一天,孔繁森兴奋地给家里打了电话,家人格外喜悦,日思夜盼的顶梁柱就要回来了,妻子王庆芝高兴得半天说不出话来。然而,命运又一次同他们开了一个玩笑。西藏原阿里地区的地委书记因身体原因被调离了工作岗位,急需一名汉族干部接任这一重要职位。在西藏自治区党委会议上,大家一致认为孔繁森是最合适不过的人选,可大家又担心他不会同意。区委主要领导和孔繁森谈了话,孔繁森再次面临着人生的重大抉择。当征求他的意见时,孔繁森沉吟了一下回答说:"我服从组织安排!""家里有困难吗?"领导问。孔繁森说:"困难有,还不少,但自己会想办法克服的。"领导补充说:"阿里地区很偏僻,自然条件十分恶劣,群众生活也更加贫苦,各方面条件和基础是非常薄弱和艰苦的，你要有心理准备。"孔繁森说："请领导放心，我绝不会辜负党对我的期望。"

这一年，孔繁森已经48岁，他先后两次进藏，在这片神圣的雪域高原整整工作了8年，可以说把一个人一生最美好、最黄金的年华都奉献给了这片圣洁的土地，奉献给了西藏人民，奉献给了党和人民的重托。西藏成了孔繁森人生最重要的组成部分。这辈子他把根深深地扎在了这里。孔繁森对组织的安排是那样的尊重，他不辱使命的信念是那样的坚决和明确。如果一位共产党员没有极强的党性修养，没有对党的绝对忠诚，肯定是做不到的。但这种忠诚和无私是有代价的，孔繁森第三次援藏的决定换来的是妻子和家人对团聚期盼的又一次落空。

阿里位于西藏自治区西部，被誉为世界屋脊上的屋脊，与印度、尼泊尔、克什米尔地区接壤，全域国土面积约31万平方公里，相当于两个山东，平均海拔4500米，下辖7个县，地广人稀，人口仅6万，是世界上人口密度最小的地区之一。阿里是喜马拉雅西山脉、冈底斯山脉、喀喇昆仑山脉交汇的地方，又是境内外几条著名河流的发源地，被称为"万山之祖""百川之源"。这里，山峦连绵起伏，湖泊星罗棋布，原野辽远无际。因此，阿里的地貌以冰雪、册岩和湖泊为其特征，历史上曾把这种特征概括为冰雪围绕的"普兰"、岩石围绕的"古格"、湖泊围绕的"玛宇"，总称为"阿里三围"。可以说，这里山高路险，干旱缺氧，气候恶劣，人迹罕至。

★ 高原守护者：孔繁森

1993年4月4日，孔繁森再次带着一位党员干部的忠诚与使命，带着对家人的愧疚与思念踏上了赴任阿里的征程。到阿里履新的路孔繁森整整走了6天，赴任之路就是孔繁森的调研之路。6天里，他对沿途措勤、改则、革吉3个县进行了实地考察，他目睹了这些地方经济社会发展的落后，也亲身感受到了当地人民的淳朴善良，看到了当地有着丰富的畜牧产品和矿产资源、美丽的自然风光和悠久的人文历史，看到了这些地方拥有巨大的发展潜力和优势。这一路行程，更是带有鲜明的孔繁森式亲民特色，只要见到帐篷、民居，他就让司机停车，一定会到群众家里坐坐，与他们拉拉家常，了解他们的生产生活情况，嘘寒问暖，详细记录下老百姓反映的问题和困难。

其实，在赴任之前，孔繁森就已经在拉萨跑遍了各个政府部门，要来关于阿里经济社会发展各方面的材料，进行了一番全面的学习了解。等孔繁森拖着疲惫的身体终于到达阿里的首府狮泉河镇时，他已经掌握了大量的关于阿里经济社会发展的第一手材料。到任后，他更是马不停蹄、风尘仆仆地深入开展社会调

孔繁森深入边境地区工作，在帐篷中现场办公
（1993年）

第一章　孔繁森的生平及孔繁森精神的形成

研。在不到两年的时间里，孔繁森走遍了阿里全区6个县，全区106个乡他走了98个，总计行程8万余公里。在调研中，常常是开着车走上一天也见不到一户人家，饿了抓一把糌粑，啃上几口风干的牛羊肉，渴了就喝上一口融化的雪水……每当这个时候，他都会向随行的工作人员讲：你看这是多么甘甜、清冽、纯净的水啊，这是世界上最优质的水源之一，我们不能让这些水白白流掉，要想办法把它开发出来，销往全国、走向世界。阿里虽然自然地理条件恶劣，但风景怡人，资源纯净，有自己的发展优势和长处，我们的工作就是把这些资源利用起来，把长处发挥出来，为阿里的经济社会发展，为改善阿里人民的生活鞠躬尽瘁。

都说孔繁森是高原神山上的雄鹰，他有开阔的视野、宽广的胸怀，更有满腔对党忠诚、拼搏进取、一心为民的情怀与担当。在阿里短暂的日子里，他更加忘我地工作，想更快、更大程度地改善阿里的发展面貌，改善阿里人民的生活状况，这一切让他夙兴夜寐。在到达阿里的第三个月，他便组成工作组，专门去普兰、札达两个县开展现场办公。在札达县有几个乡村（萨让乡，底雅乡的底雅村、什布奇村，曲松乡的楚鲁松杰村）都没有进行过民主改革。它们与印控克什米尔地区相邻，是阿里地区最边远、最艰苦、边境线最长但通外山口最多、反分裂任务最重的乡村，战略地位非常重要。这些乡村大多离县城三四百里，自然条件非常差，"十年九灾，三年一大灾"，每年大雪封山都有6个多月时间。

在札达县现场办公期间,孔繁森决定去什布奇村看一看。可是走到半路,他开始严重腹泻。随行的同事说:"孔书记,山路难走,您身体现在又不好,您就别去了。"孔繁森却坚定地说:"我们已经走了一半路程了,不去看看村里的群众,我这一辈子都不会甘心的!"于是他强忍着腹痛,带领同事们骑马穿行在札达的土林中。到了什布奇村,了解村里的情况后,他立即拍板拿出2万元解决村里的小电站建设问题,让村民过上更加光明的生活。由于一路辛苦跋涉,加之始终未好的严重腹泻,孔繁森终因严重脱水晕倒在地,这时同事们才强行将他送回狮泉河镇。这就是孔繁森,百姓、群众在他心中永远占据着最重要的位置,在于公于私的天平上,他永远倾向于公一端。

正是这种舍己奉公的倾斜,换来了群众对党员领导干部的信任、对党的拥护,换来了地方经济社会的发展和民生的改善。虽然阿里地区是西藏最贫穷的地方,但在孔繁森看来,这里发展潜力巨大,有相对的发展优势。他主政阿里期间,曾在《西藏日报》发表了一篇署名文章,详述阿里地区六大得天独厚的发展优势。文章给阿里的干部群众以极大的鼓舞和鞭策,被称为"阿里地区振兴发展的宣言书"。孔繁森用了不到一年的时间,给阿里这个神秘而贫困、美丽而落后的雪域圣地厘清了发展思路,指明了发展路向,描绘了发展蓝图,一个又一个项目相继上马,使阿里在很短时间里就出现了较快的发展局面。

第一章　孔繁森的生平及孔繁森精神的形成

偏远静谧贫瘠的阿里一下子焕发出勃勃发展生机。就在阿里这只曾经沉睡的神鹰苏醒正欲展翅翱翔、搏击长空的关键时刻，孔繁森，这个雪山的儿子，却永远地离开了。

1994年11月29日，孔繁森在赴新疆塔城考察边贸的途中，不幸遭遇车祸，以身殉职，这位满腔家国情怀满腔公仆情怀的共产党员走完了他50岁的人生。

孔繁森率领考察团赴新疆考察途中留影
（1994年11月）

孔繁森走了，他用50载奔波忙碌、50载无私奉献、50载思愁离绪、50载担当清廉抒写了对党忠诚、一心为民、生能舍己的壮烈人生。

孔繁森走了，车祸无情地夺走了他的生命，但夺不走他崇高的信仰和精神。

孔繁森走了，只是他的身躯从人民的视线中消逝了，他那伟岸的形象永远活在雪域人民的心中。

孔繁森生前最后一张照片（1994年），
拍摄于新疆托里县境内

《阿里报》刊登的文章《一片雪花慰忠魂》记述了人民的哀思。

一朵朵白花，象征着您仍然活在人们的心里。

一个个花圈，为您在人们心中树起丰碑。

一块块黑纱，凝聚着人们对您的敬意。

一副副挽联，记载着人们对您的赞许。

您虽然死了，但您还活着。

您永远活在阿里人民的心里！

第三节 我国干部援藏政策培植了孔繁森精神

党的十一届三中全会以来,我国不断推动"中央关心西藏,全国支援西藏"的工作持续深入开展。干部援藏作为中央援藏政策的重要组成部分,为西藏的发展提供了人才基础、财政扶持、精神支持,这对于促进西藏经济社会各项事业科学快速发展、进一步密切党同西藏各民族人民的关系,具有极其重要的意义。

孔繁森是改革开放和社会主义现代化建设新时期援藏干部中的一员,是党的干部援藏政策的积极响应者、践行者、推动者,他的先进事迹为干部援藏政策注入更加丰富的内涵,使干部援藏政策彰显了更加崇高的价值。孔繁森和一批又一批孔繁森式的好干部用实际行动为党的干部援藏政策做了最好的注解,为党员干部的使命与担当做了最好的注解,为共产党人的信念与宗旨做了最好的注解。正因为有了一批又一批孔繁森式的好干部,才使得我国干部援藏政策得以不断健全和发展,使党的援藏事业不断焕发出新的生机与活力,不断取得新成效,不断推动西藏经济社会走向繁荣,雪域高原各族群众过上更加幸福的生活。

一、干部援藏政策的由来

"援藏"即"支援西藏"。干部援藏是党的援藏政策的重要组成部分。援藏干部是指为完成援藏工作任务而派进西藏的行政干部和一些专业技术人员。从实质上来讲,"干部援藏就是一种人才援藏"[①]。西藏和平解放之初,为了巩固党和国家在西藏的政权基础,主要采取军人治藏政策,"先后下发了《关于抽调干部赴西藏工作的通知》等9个文件,从北京、四川、河南、甘肃、青海等地和国家相关部委抽调3000多名干部进藏参加民主改革"[②]。1974年,《国务院批转国务院科教组〈关于内地支援西藏大、中、专师资问题意见的报告〉的通知》明确对西藏师资方面进行支援。

西藏进行民主改革后,政治上从农奴制过渡到社会主义制度,经济上得到中央的扶持,但基础依然薄弱,加之自然环境恶劣,发展仍然严重滞后。特别是改革开放以后,西藏和东部沿海地区的差距越来越大。为了促进西藏与中部地区、东部沿海地区共同发展,中央通过1980年和1984年两次西藏工作座谈会,初步确立了中央的援助和特殊

---

① 贺新元:《中央"援藏机制"的形成、发展、完善和运用》,《西藏研究》2012年第6期。
② 乔元忠:《全国支援西藏》,西藏人民出版社2002年版,第94页。

政策。1980年的中央西藏工作座谈会，在新的历史条件下，明确了西藏面临的中心任务和奋斗目标，会议形成的《西藏工作座谈会纪要》提出："中央各部门也要加强对西藏工作的正确指导，并根据实际需要和可能条件，组织全国各地积极给他们以支援和帮助。"①此后强调："全国各有关地方和单位都要根据上级的指示，认真做好支援西藏的工作。要注意关心和照顾进藏干部和职工的家属子女，帮助他们解决某些实际困难。"②

1983年国务院决定在坚持全国支援西藏的方针下，由四川、浙江、上海、天津四省市重点对口支援西藏。同年，《中共中央组织部 劳动人事部关于为西藏选派专业技术干部的通知》提出，从中央国家机关、内地、沿海省、市采取对口支援的办法，坚持少而精的原则，选派一批专业技术干部去西藏工作。1984年，中央第二次西藏工作座谈会形成的《西藏工作座谈会纪要》提出："坚持行之有效的对口支援的办法，并且要越办越好。"③为庆祝西藏自治区成立二十周年，中共中央和国务院决定由京、津、沪、粤、浙、闽、鲁、川、苏为西藏兴建43项中小型工程项目，全国性的援藏工程开始。1988年，

---

① 中共中央文献研究室、中共西藏自治区委员会编：《西藏工作文献选编》（1949—2005年），中央文献出版社2005年版，第302页。
② 中共中央文献研究室、中共西藏自治区委员会编：《西藏工作文献选编》（1949—2005年），中央文献出版社2005年版，第303页。
③ 中共中央文献研究室、中共西藏自治区委员会编：《西藏工作文献选编》（1949—2005年），中央文献出版社2005年版，第364页。

中央下发《关于为西藏选派干部的通知》,从北京、天津、河北等14个省市和国务院选派400多名党政干部和专业技术干部进藏工作,并规定专业技术干部在藏工作时间为3年,党政干部在藏工作时间为5年①。

二、干部援藏政策的发展

1987年9月至1989年3月,西藏发生多起意图分裂国家的骚乱事件,严重干扰了当地的经济建设,影响了社会的发展进步。面对严峻的国际国内形势,1989年10月,中央形成的关于西藏工作的十条意见,成为中央治藏政策新的历史性转折,"自此以后,中央对藏政策围绕'政治稳定、经济发展与社会进步'而逐渐成形"②。1994年,中央第三次西藏工作座谈会决定,把西藏发展纳入国家整体发展中衡量,做出实施"对口支援西藏"的重大决策,提出党中央、国务院各部委和各省市应继续和西藏建立长期的、相对稳定的对口支援关系。这次会议对"中央关心西藏,全国支援西藏"这一政策制订了更加具体化的实施计划,提出"分片负责、对口支援、定期轮换"的援藏方针和"长期支援、自行轮换"的干部援助方式,开启了干部援藏的

---

① 《西藏自治区概况》编写组、《西藏自助区概况》修订本编写组编:《西藏自治区概况》,民族出版社2009年版,第686页。
② 郑永年、林文勋:《21世纪的中国边疆治理与发展:第二届西南论坛论文集》,社会科学文献出版社2013年版,第53页。

新模式。第三次西藏工作座谈会后,"全区工业生产总值从1994年的7.2亿元增加到2000年的18.3亿元人民币,增长幅度达91.3%"①,"广播、电视覆盖率分别达到了65%和55%"②,基本上满足了自治区人民的生活娱乐需求。在援藏工作的推动下,这一时期成了西藏和平解放以来最为稳定和发展最快的历史阶段。干部援藏工作由之前的"粗放型"逐步制度化、规范化,变"输血"为"造血",促进了本土人才干部的培养和使用。

2001年6月,中央召开第四次西藏工作座谈会,提出促进西藏实现跨越式发展和社会长治久安,在深度和广度上继续强化对口支援,并将对口援藏工作在原定10年的基础上再延长10年。干部援藏普遍采用与项目建设相结合的形式。以县级干部分布为例,当时在西藏74个县区中,有58个县的县委书记是由援藏干部担任的。据不完全统计,自1995年以来,全国共有18个省市、60多个中央和国家机关部委、17家中央企业,先后选派6批共4742人进藏工作。援藏干部由最初的600多人增加到第四次西藏工作座谈会时的995人;急需的专业技术人才和企业经营管理人才选派数量由第一批的30人增加到第六批的200多人。这对西藏社会经济发展和长治久安起到了重大的促进作用。

2010年第五次西藏工作座谈会上,中央提出深化对口援藏机制,

---

① 西藏自治区新闻出版局编:《西藏辉煌50年》,西藏人民出版社2009年版,第77页。
② 西藏自治区新闻出版局编:《西藏辉煌50年》,西藏人民出版社2009年版,第78页。

推动四川、云南、甘肃、青海四省藏区发展,继续延长对口援藏时间,将时间延长到2020年,形成了经济援藏、干部援藏、人才援藏、科技援藏相结合的工作格局,强调走出一条"西藏特点的发展路子"①,对口援藏政策日趋成熟。

我国从1979年开始实行干部"轮换进藏"的方式。1979年8月22日,中央组织部和人事部出台贯彻中央人才援藏的方略,采取长短结合的办法,从19个省、市和9个中央国家机关抽调3092名党政干部进藏。时任聊城地委宣传部副部长的孔繁森同志主动报名,开启了他两次、近十年时间的援藏生涯,也就是在这近十年的时间里,孔繁森忠实践行着一名共产党人、一位党员干部忠诚、干净、担当、为民的信仰与情怀。此后,援藏干部中先后涌现一批活着的"孔繁森",他们共同构成了雪山一样高耸的"孔繁森群体",构筑了像喜马拉雅山一样崇高的孔繁森精神。

三、新时代党的治藏方略

党中央历来高度重视西藏工作,自改革开放以来,先后召开七次西藏工作座谈会,每次都根据现实情况做出重大决策部署。特别是党

---

① 中共中央文献研究室编:《十七大以来重要文献选编》(中),中央文献出版社2011年版,第432页。

的十八大以来，西藏工作面临的形势和任务发生新的深刻变化，以习近平同志为核心的党中央与时俱进、深化对西藏工作的规律性认识，全面总结党领导人民建藏、治藏、稳藏、兴藏的成功经验，形成新时代党的治藏方略。强调做好西藏工作必须坚持中国共产党领导、中国特色社会主义制度、民族区域自治制度，从治国与治藏辩证统一的视角明确了"治国必治边、治边先稳藏"①的治藏战略思想，明确"把维护祖国统一、加强民族团结"作为治藏、兴藏的着眼点和着力点，明确坚持依法治藏、富民兴藏、长期建藏、凝聚人心、夯实基础的重要原则，明确必须统筹国内、国际两个大局，必须把改善民生、凝聚人心作为经济社会发展的出发点和落脚点，必须促进各民族交往交流交融，必须坚持我国宗教中国化方向、依法管理宗教事务，必须坚持生态保护第一，必须加强党的建设特别是政治建设。新时代党的治藏方略为做好新时代西藏工作提供了根本遵循和行动指南。新时代党的治藏方略，推动实现了中央治边稳藏理论的新飞跃，开辟了党治藏方略的新纪元。

中国特色社会主义进入新时代，中央先后两次召开西藏工作座谈会，在全面、深入总结对口援藏20多年来的政策经验基础上，干部援藏工作已形成全方位、多层次、宽领域的格局，习近平总书记提出

---

① 中共中央党史和文献研究院编：《中华人民共和国大事记（1949年10月—2019年9月）》，人民出版社2019年版，第178页。

"优化援藏干部人才结构，把优秀人才选派到条件艰苦和情况复杂地区去磨炼意志，增长才干"[①]，突出干部援藏政策的双向性，不仅是援藏干部帮助藏区脱贫致富，而且把西藏作为锻炼干部的基地，"充分利用对口支援平台，培养锻炼年轻干部，树立干部到艰苦地方培养、在艰苦地方成长、从艰苦地方选拔的导向，形成好干部争先恐后去援藏、援藏练就好干部的氛围"[②]，加强党性建设，坚定理想信念。

2013年7月，第7批援藏干部进藏后，共有66个中央部门（部、委、办、局）、17个省市、17家中央企业与西藏建立了对口支援关系，开展援藏工作。与此同时，教育、卫生、公安、安全等系统和行业还采取"行业负责、对口支援、一业一策"的办法，选派干部人才开展援藏。在中央"全面援藏"政策的大力支持下，先后有9批援藏干部针对不同时期西藏社会经济发展和长治久安的需要参与西藏的建设，援藏干部在执行国家政策、维护国家统一完整、促进民族团结、带领西藏跨越式发展等方面，发挥了不可替代的作用。中国特色社会主义进入新时代，在习近平总书记"治国必治边、治边先稳藏"[③]思想指引下，中央的治藏策略和干部援藏政策更加完善，更加有利于促进西藏社会的经济发展和长治久安。

---

① 《依法治藏富民兴藏长期建藏 加快西藏全面建成小康社会步伐》，《人民日报》2015年8月26日第1版。
② 《第八批援藏干部人才选拔计划协调会在蓉召开》，《西藏日报（汉）》2016年1月21日第1版。
③ 中共中央党史和文献研究院编：《中华人民共和国大事记（1949年10月—2019年9月）》，人民出版社2019年版，第178页。

四、干部援藏政策培植了孔繁森精神

孔繁森亲历了干部援藏政策提出和发展的大部分过程。1979年,国家需要从内地抽调一批干部到西藏工作,当时担任中共聊城地委宣传部副部长的孔繁森主动申请并获得批准。他第一次进藏,担任岗巴县县委副书记。1988年,山东省再次选派援藏干部,由于孔繁森有在西藏工作的经验,又派他带队第二次进藏,并担任拉萨市副市长,分管文教、卫生和民政工作。1992年底,孔繁森第二次援藏工作期满,此时西藏自治区党委任命他为阿里地委书记,他毫不犹豫地服从了党的决定和人民的需要。如果不是一种信念、使命和情怀,如果没有无私、崇高与忘我的精神,孔繁森何以一次又一次选择西藏!又怎么会有一批又一批孔繁森式的好干部响应党的号召、组织的安排和群众的期盼,毫不犹豫地奔赴那片神秘而艰苦的雪域高原!

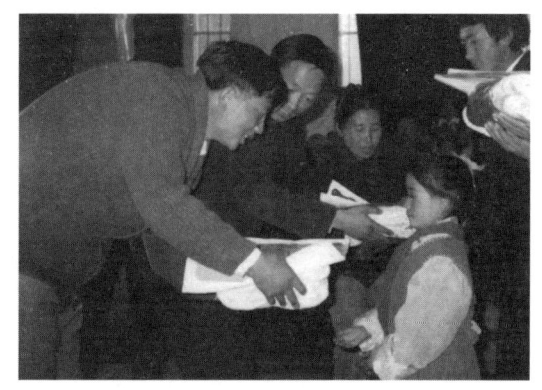

在拉萨市举办的文艺会演中,孔繁森为获奖的小学生颁奖(1989年新春前夕)

在改革开放和社会主义现代化建设的伟大实践中,各条战线上都涌现出许多优秀共产党员、优秀干部和先进模范人物。孔繁森这个先进典型,集中地体现了党的领导干部践行全心全意为人民服务宗旨的新高度,他对党忠诚、一心为民,勤政务实、鞠躬尽瘁,清正廉洁、高风亮节;他平凡其外、崇高其内的精神,有鲜明的党性、广泛的代表性、强大的感召力和生命力,是党的一笔宝贵的精神财富。

耿耿忠心照雪山
孔繁森

峥嵘岁月三十年,

二次出征到边关。

踏遍荒山犹未老,

历尽千辛更知甜。

冰山愈冷情愈热,

耿耿忠心照雪山。

一切先进思想的延续都离不开后人的继承和发展。雷锋精神、焦裕禄精神、王进喜精神等发展到今天,已不仅仅是其个人思想品质的反映,而是汇聚了党和人民在社会主义思想道德建设上的优秀成果,凝结了无数党员干部为人民无私奉献的先进典型的创造性实践。这些精神既体现了社会主义先进思想道德所共有的包容性,又是无产阶级思想道德本质特征的反映。这些精神之所以经世不息,成为中华民族精神共识、道德共识,就在于其不断通过一个又一个具有时代特征的先进典型得到丰富和延伸。孔繁森被誉为"新时期的雷锋""九十年代的焦裕禄"。孔繁森精神既是共产党人崇高精神的传承与弘扬,更是这些伟大精神的发展和深化。孔繁森精神与其他精神相比,虽然所处时代背景、社会条件、精神外延、内容形式等有所不同,但其内涵在本质上是统一的:都代表了社会进步的方向,具有鲜明的时代性;都体现了社会主义制度对思想道德的内在要求,具有鲜明的阶级性;都同"国家兴亡,匹夫有责"、扶贫济困、追求真善美等民族传统美德有机结合,具有鲜明的民族性;都是共产党人全心全意为人民服务宗旨的生动诠释,具有鲜明的党性。

第四节　孔繁森精神的特征

家国情怀自古就深植于炎黄子孙的心中。古往今来，中华民族涌现出无数胸怀家国、一心为民的先贤。中国共产党人更是高擎马克思主义的思想旗帜，在带领中华民族走向伟大复兴的历史进程中，把人民置于至高无上的地位，在革命、建设和改革的进程中，始终坚持把"一切为了群众，一切依靠群众，从群众中来，到群众中去"的群众路线作为党的生命线和根本工作路线。孔繁森精神是以科学的理论武装，树立正确的世界观、人生观和价值观的结果。孔繁森精神的实质，是全心全意为人民服务，为了人民的事业无私奉献。党的干部只有牢记党的全心全意为人民服务的宗旨，确立"心在人民，原无论大事小事；利归天下，何必争多得少得"的人生观，"为人民吃苦虽苦犹甜，为人民奉献虽失犹得"的价值观、政绩观，才能真正成为人民的公仆。

作为共产党人，无论何时何地都必须明确如何对待群众。始终践行党的全心全意为人民服务的宗旨，始终保持同人民群众的血肉联系,一以贯之地把人民放在心中最重要的位置、坚定不移地维护人民群众的利益,既是根本立场、世界观的体现,更是党性重要而集中的体现。孔繁森精神集中体现了共产党人的坚定理想信念,体现了人民公仆的忠诚干净担当的高尚情操,体现了时代发展的客观要求。身为共和国的建设者,身为新时代党员干部,应该牢牢把握孔繁森精神的实质,进一步继承和弘扬孔繁森精神,为党为人民为社会为民族为集体的利益,毫无保留地贡献出自己,才是无悔的人生、有价值的人生。

一、孔繁森精神体现共产党人坚定的理想信念

孔繁森对共产主义的理想信念坚定不移,这一信念在他一生中从来没有动摇过。孔繁森的理想信念之所以崇高而坚定,根本原因就在于共产主义的理想信念在孔繁森那里已经内化为个人价值与社会价值的有机统一,内化为个人理想与家国理想的有机统一,内化为"小我"与"大我"的有机统一。

在回忆自己的成长经历时,孔繁森说"入党以来,参加工作以来,对共产主义的信念从没有动摇过、改变过,不管是工作顺利的时候,还是我们党处于困难时期,自己都坚信党的领导,坚定共产主义信念"。

与之形成鲜明反差的是，在现实中，有的党员领导干部政治不纯，不仅对党的路线方针政策学不深、悟不透，甚至毫无原则和底线，妄议中央，在大是大非面前，立场不坚定，支持什么、反对什么、赞成什么、抵制什么态度模糊；有的党员领导干部思想不纯，理想信念不坚定，思想意识防线筑得不牢，不信马列信资本，不信马列信鬼神，对错误意识形态态度暧昧，在举什么旗、走什么路上浑浑噩噩；有的党员领导干部组织观念、纪律观念不强，对于搞小团体等非组织活动乐此不疲，缺乏纪律意识和规矩意识；有的党员领导干部担当意识不足，在面对新问题、处理复杂问题时，往往束手无策，敷衍塞责，畏难逃避；有的党员领导干部跟不上时代发展的要求，思想因循守旧，行动墨守成规，甚至做出违背客观规律与形势发展的错事；有的党员领导干部世界观、人生观和价值观发生扭曲，跌入个人主义的泥沼，崇尚精致利己的价值观，唯利是图，拜金、奢靡。

在部分党员领导干部中之所以会存在上述这样那样的问题，归根结底在于他们没有用马克思主义理论特别是当代中国马克思主义理论武装自己，没能树立坚定不移的共产主义理想信念。总之一句话，是思想的"总开关"生锈、破损、怠惰失修所致。领导干部是党的干部，是人民的公仆，是无产阶级和广大人民中具有共产主义觉悟的先进分子中更具忠诚、干净、担当素养的关键少数，这就更加需要党员领导干部对马克思列宁主义、毛泽东思想以及中国特色社会主义理论体系进行常态化、系统化深入学习领悟,只有这样才能在政治上、思想上、组织上、作风上和纪律上始终与党中央保持高度一致,始终走在推动社会变革的前列,走在时代前列,不负组织信任,不负人民期待,不负历史机遇。

孔繁森精神是马克思主义的时代火花,是中国特色社会主义文化的展现,是"老西藏精神"的丰富和发展。它是新的历史条件下党的优良传统和民族精神的具体升华,是中国共产党、中国特色社会主义、全国各族人民的宝贵精神财富。中国特色社会主义进入新时代,大力弘扬孔繁森精神,就是要在广大党员领导干部中树立一座时刻坚定理想信念、不忘初心、牢记使命、践行宗旨的不朽丰碑。[1]

邓小平同志说过:"为什么过去我们能在非常困难的情况下奋斗出来,战胜千难万险使革命胜利呢?就是因为我们有理想,有马克思主义信仰,有共产主义信念。"[2]孔繁森精神是一面理想信念的伟大旗帜。崇高的理想和信念是人生和事业的风帆,是引导时代之舟的航标和灯塔。孔繁森精神集中体现了时代与人民所呼唤的理想和信念,体现了我们党的领导干部为党和人民事业生命不息、奋斗不止的理想追求和精神风貌。在新的历史条件下,孔繁森精神是我们党和整个中华

---

[1] 渠长根、王静:《基于孔繁森精神的新时代领导干部人生价值取向》,《毛泽东思想研究》2020年第5期。
[2] 《邓小平文选》(第3卷),人民出版社1993年版,第110页。

民族的宝贵精神财富，是引导人民奋斗前进的伟大旗帜。①

习近平总书记把理想信念比作共产党人的精神之"钙"，深刻指出："坚定理想信念，坚守共产党人精神追求，始终是共产党人安身立命的根本。"对马克思主义的信仰，对社会主义和共产主义的信念，是共产党人的政治灵魂，是共产党人经受住任何考验的精神支柱。在党的十九大报告中，习近平总书记强调："中国共产党人的初心和使命，就是为中国人民谋幸福，为中华民族谋复兴。"孔繁森始终不忘共产党人的初心和使命，时刻以党和人民的需要为出发点，两次进藏，舍家为藏，夙夜在公，在雪域高原整整奋斗了十个春秋，将人生最美好的年华、最深沉的情感、最宝贵的忠诚都奉献给了西藏，奉献给了固边治藏富民的崇高事业，为党员领导干部树立了坚定理想信念的榜样。

孔繁森精神所体现的坚定理想信念的本质，其实质就是党员干部个人理想与家国理想的统一。在孔繁森身上，这种个人理想与家国理想的统一是生动的而不是呆板的，是具体的而不是抽象的，是鲜活的而不是陈腐的。就其成长经历和成长环境来看，1961年7月，孔繁森从技校毕业后，面临着两个选择。一是选择参加工作。那时的职业技术学校毕业生是按照干部政策来安排工作的，有一定社会地位，有稳定的收入，可以帮助家庭分担经济困难，使家庭生活条件得到极大改

---

① 吉宣文：《论孔繁森精神》，《求是》1995年第15期。

善。二是选择参军。那时参军的待遇远不及现在，参军意味着孔繁森可以在生活上"自保"，但对缓解家庭经济困难几乎没有帮助。这样的选择对很多人来说，"孰轻孰重"是显而易见的，但孔繁森偏偏毅然决然选择了后者。由此，不难看出孔繁森对于解放军的热爱，不难看出其立志报国的情怀，这些自然而然融入其血液之中的担当意识和家国情怀令人由衷敬佩。这样的人生抉择也彰显出孔繁森在青年时期就具备了良好的道德情操，对党和对社会主义的真挚而朴素的感情。

孔繁森理想信念的坚定性不仅体现在其个人选择的某一时某一处，而是贯穿其整个一生。客观地讲，生活中的孔繁森是普通人，其生活中肩负的担子不轻。家里上有年逾八旬的老母亲，下有三个孩子，妻子体弱多病，但作为家中的顶梁柱，在得知组织选派他为进藏干部时，他毫不犹豫踏上西去的征程。孔繁森并非无情，从他孝敬母亲、体贴爱妻、关爱儿女的点点滴滴，都可以看出他是一个有血有肉的汉子、有情有义的丈夫。但党的教育、组织的培养使他始终胸怀一种大爱，对祖国、对各族人民的博大无私的爱。

二、孔繁森精神体现人民公仆高尚的人格品质

在孔繁森的身上我们可以看到，他心怀共产主义远大目标，循着这条人类发展的理想道路，一步一个脚印、一步一个阶梯地走着。作

孔繁森第二次赴藏，随身物品多了一个小药箱
（1988年）

为人民公仆，他始终保持着忠诚、干净、担当、为民、务实、清廉的形象，从不厌弃任何一份普普通通的工作，只要对社会对人民有利，就一丝不苟、认认真真地去做；不论在什么地方，在哪个岗位，都留下闪光的足迹。当兵时，他连续6年被评为优秀士兵；到地方，他是先进工作者；上党校，他被评为优秀学员；当林业局局长，他带领干部群众使全区林果业发展上了一个大台阶；在西藏，更是留下了有口皆碑的光辉业绩。他淡泊名利，矢志奉献，多次平级调动，在县级岗位上工作了11年。在这种时候，他没有抱怨和消沉，更没有向组织提任何要求，依然勤勤恳恳、兢兢业业地工作。

在西藏最艰苦的阿里地区，藏族农牧民称孔繁森为"药箱书记"，粗通医术的孔繁森每次下乡都身背药箱，义务为群众防病治病，用胸口为聋哑老人暖脚，给患肺病的藏族同胞吸痰，风雪中把自己的毛衣脱给一位藏族老阿妈，翻山越岭看望大山里的小学老师，千方百计解决宗教人士行医办学的问题，探望边防官兵，处理缺少执勤

马匹、耗牛和烤火用的牛粪的问题……①

人民公仆高尚的人格品质便是孔繁森精神的另一层体现。两度赴藏，历经十载，同西藏各族人民同甘共苦的生活实践，磨砺和铸造了孔繁森全心全意为人民服务的高尚人格和光辉党性。从孔繁森这平凡而又踏实的足迹中，我们不难看到：一个人生命的价值和意义大小，不在于是否轰轰烈烈，也不在于所处岗位的高低和所干事情的大小，关键是以一种什么样的态度对待自己的工作；只要干一行、爱一行、专一行，扎扎实实地走下去，就会成功，就会得到人民的赞誉和组织的肯定。我们的干部无论从事何种工作，处在哪个岗位，都应牢牢把握住自己的"现在"，不轻视每一件事情，从自己分管的工作做起，从"一时一事"做起，认真书写好人生的每一页历史。② 孔繁森精神之所以在人们的灵魂深处引起强烈震撼，主要源于他那伟大人格的感召力。③

孔繁森为人们所称颂，正是由于他具有非凡的人格力量。孔繁森优秀人格的形成，与家庭的影响有很大关系。他的父母都是言行一致的老实、忠厚的农民，对孩子从不溺爱。良好的家庭教育，为他形成优秀的人格奠定了基础。孔繁森的优秀人格，又是他在不断提升自我

---

① 渠长根、王静：《基于孔繁森精神的新时代领导干部人生价值取向》，《毛泽东思想研究》2020年第5期。
② 中共山东省委组织部：《从孔繁森看优秀领导干部的成长规律》，《求是》1997年第8期。
③ 吉宣文：《论孔繁森精神》，《求是》1995年第15期。

修养的过程中，注意从中华优秀传统文化、革命文化和社会主义先进文化中汲取精神营养，注意从英雄模范人物的事迹中汲取精神营养的结果，特别是受雷锋、焦裕禄等先进典型的影响。雷锋将有限的生命投入无限的为人民服务中去的品格，焦裕禄带领群众治理内涝风沙盐碱、以身殉职的事迹，更促使孔繁森自觉地把"忠诚担当""心系社稷""乐善好施""扶危济困"等传统道德的弘扬与对党的宗旨的遵循有机地融为一体，不断实现人格的升华。孔繁森身上那种"为民解忧"的公仆意识，他的"一个共产党员爱的最高境界是爱人民"的座右铭，表明他把中华优秀传统文化与优秀共产党人的高贵品格结合在一起，达到了共产主义道德与中华民族传统美德的完美统一。孔繁森的事迹早已经从齐鲁大地、雪域高原传遍祖国的山山水水。"向孔繁森同志学习"，已经成为震撼时代的强音。

在其他优秀领导干部身上，我们能看到同样的优良品德和高度的行动自觉。正如焦裕禄所说："新干部不参加劳动，就不能明确树立阶级观点、群众观点；老干部长期不参加劳动，思想就要起变化，要变颜色。"身为兰考县委书记，焦裕禄始终身体力行深入基层深入群众，无论工作多忙，他总是坚持参加集体生产劳动，始终保持劳动人民的本色。他经常开襟解怀，卷起裤腿和群众一起干活，群众身上有多少泥，他身上就有多少泥。他经常和群众一起翻地、封沙丘、种泡桐、挖河渠……就在住院治疗的前几天，他还挥舞铁锹在红庙公社葡萄架大队和群众一起劳动。他经常要求下乡的干部一要带毛泽东著作，二要带劳动工具和行李。①

"做官先做人，万事民为先。"这是"为民好书记"、时任湖南湘西土家族苗族自治州州委书记郑培民的真实写照。在湘西工作履职的两年多时间，郑培民跑遍218个乡镇，住过30多个乡镇。不仅如此，郑培民的车里常备一床棉被，有时候下乡半夜也回不到吉首，他就在车里凑合一夜。妻子去湘西看望他的时候，一进屋，就看见地上一双沾满泥巴的胶鞋，唯一一套出国时置办的西服，在柜子里已被虫子蛀满洞。郑培民始终坚持为人民掌好权、用好权，决不利用手中的权力谋私利。他深深懂得，权力越大，责任越大，奉献也应该越多。他常常告诫自己："权力是把'双刃剑'，要警惕权力本身对掌权者的腐蚀。"对于防止权力腐败，郑培民从八个方面对自己提出严格要求："要警钟长鸣，警惕诱惑；要防微杜渐，慎独慎微；要从严剖析，把握自己；要慎重交友，防止陷阱；要管好亲友，防止后院起火；要保持晚节，盖棺定论；要凛然正气，望而生畏；要坚持原则，不能感情用事。"②

安徽省凤阳县小岗村党委原第一书记沈浩任职期间，坚持在调研中体察民情、了解民意。到村民家中，即使板凳上有灰他也能坐下。

---

① 吴潜涛：《中国精神教育读本》，人民出版社2014年版，第116～120页。
② 艾丽华：《论郑培民同志的"三为"群众观》，《邵阳学院学报》2005年第4期。

村民到他办公室交流情况，他为了拉近与群众之间的距离，总是主动离开办公椅与村民促膝长谈。他为群众做事动真心、动真格。别妻离女，难顾老母，受苦受累，天天有干不完的事、干不完的活，这在常人眼里觉得不可思议。但是他把为了群众"连轴转"干事，看作一个党员干部"应有的素质和思想境界"①。

无论是孔繁森还是焦裕禄，郑培民还是沈浩，他们的事迹所彰显所体现的，是人民公仆身上难能可贵的高尚人格品质，是整个民族应该弘扬和传承下去的品质。

三、孔繁森精神体现时代精神发展的客观要求

时代精神的价值在于其反映时代的客观要求和人民的追求与渴望。在现实中，它总是通过典型人物的情操、言行和高尚的人格魅力展现出来。孔繁森精神体现着时代精神的精华。

孔繁森精神的出现，反映了改革开放和社会主义现代化建设事业的客观要求，反映了人民对幸福生活的向往。我们所从事的改革开放和社会主义现代化建设事业是前无古人的事业，是一场深刻的、历史性的社会变革。伴随市场经济大潮的冲击与西方外来文化、价值观的涌入，每个共产党人，特别是领导干部，都面临着考验。如果我们的

---

① 王方友：《沈浩精神的实质、成因及时代价值》，《安徽科技学院学报》2015年第4期。

干部经不住资产阶级腐朽思想和糖衣炮弹的诱惑，就会使来之不易的改革开放和社会主义现代化建设事业功败垂成。我们的改革开放是社会主义的改革开放，是在共产党领导下进行的，其价值取向始终指向国家和人民的利益。所有这些，从客观上要求进一步提倡和弘扬以集体主义为主导的精神价值。孔繁森精神便集中体现了以集体主义为内核的精神价值。它是改革开放条件下共产党人行为准则和道德规范的具体表现。孔繁森是一个既走在时代前列又经受住时代考验的人。一方面，他思想解放，勇于改革，遵循市场经济规律，努力寻求后进地区人民群众脱贫致富之路；另一方面，又严格按照共产党员的标准严格要求自己，廉洁奉公，始终保持清醒的头脑。

孔繁森精神的生成，是他顺应时代发展趋势、响应时代发展需求，投身于艰苦环境、置身于人民群众中，不断升华人生境界的逻辑结果。"艰难困苦，玉汝于成。"在任何时候，艰苦的环境都是对人生的一种考验和磨炼。在任何情况下，只要同人民群众打成一片，就能获得取之不尽、用之不竭的精神营养和力量源泉。上述两点，构成了孔繁森精神作为时代精神重要代表的基本要素。如果把共产党人比作种子，那么时代和人民就是土地。孔繁森就是在时代和人民的土地上生根、发芽，在党的阳光雨露哺育下，在风雪严寒的洗礼中，成长为参天的栋梁之材的。这就是时代发展洪流中，孔繁森向人们展示的壮丽人生之旅。

★ 高原守护者：孔繁森

孔繁森精神的时代性从根本上讲就是党员领导干部个体价值与社会价值的统一。孔繁森精神的个体价值与社会价值的统一是相互联系、相互促进、相互渗透的：一方面，个体的情操、品格、能力的提高，为孔繁森精神社会价值的实现提供了主体性条件和必要前提；另一方面，社会主体对社会主义、共产主义理想的广泛认同，为孔繁森精神个体价值的实现规定了正确的方向并赋予其科学内容。从理论上讲是这样，从现实来看也是如此。综观孔繁森的一生，在面对所有得失、取舍之时，他都表现出一种无私、舍己、为公、为人的价值选择取向。他总是站在更高的视角，以更广阔的视野、更长远的目光做着种种或大或小、或远或近的判断，他总是将"小我"置于"大我"之中来考量。在他看来，没有"大我"就没有"小我"，没有集体、社会的发展进步，就不可能有个体的发展进步，"我"之所以为我，是因为社会有我、国家有我、人民有我……

推进中国特色社会主义伟大事业需要孔繁森精神，实现中华民族伟大复兴的历史伟业需要孔繁森式的干部，人民群众需要孔繁森这样的贴心人。伴随着时间的洗礼，孔繁森精神会不断丰富发展，扩充新的内容，以不同的形式展现出来，其外延也会不断扩大。孔繁森这种信念坚定、拥护党、爱人民、愿奉献的精神，无论在任何时候、在任何历史条件下都应该得到传承和发扬。①

---

① 高超、程兴普、李光：《传承名人精神实现社会价值——浅谈孔繁森精神的传播及价值实现》，《名人思想的当代价值：中国博物馆协会名人故居专业委员会2017年年会暨学术研讨会论文集》，上海人民出版社2018年版。

第一章 孔繁森的生平及孔繁森精神的形成

毛泽东同志指出:"政治路线确定之后,干部就是决定的因素。"[①]领导干部是党和国家事业发展的"关键少数",他们的价值取向对于其他社会群体有着重要的示范和引领作用。纵观中国共产党成立100多年来,党领导人民所走过的革命、建设、改革的壮阔历程,在不同历史时期,在不同社会历史条件下,在不同的时代使命下,涌现了一批又一批领导干部的楷模和典范。中国特色社会主义进入新时代,同样涌现了一批像孔繁森一样对党忠诚、心怀家国,紧跟时代、舍身忘我的领导干部模范和典型,在他们身上,在他们的先进事迹和感人故事中,所彰显的精神就是新时代的孔繁森精神。正是这些熠熠生辉的精神星火,映照着社会主义核心价值观,熔铸着中国特色社会主义先进文化,繁荣着新时代社会主义精神文明建设,新时代的驻村干部黄文秀便是其中一员。

2018年3月,黄文秀主动请缨到百坭村担任驻村第一书记,当时的百坭村,472户中有103户未脱贫,贫困发生率达23%。黄文秀自身家境十分困难,但是从北京师范大学硕士毕业后,还是毅然决然地选择当一名定向选调生,为家乡的脱贫攻坚贡献一份力量。在黄文秀服务百坭村的一年多时间里,她帮助百坭村发展电商,将当地的砂糖橘等土特产远销全国各地;她为百坭村申请通屯的路灯项目,让村民走夜路不用再打手电筒;她挨家挨户走访全村建档立卡户,清晰地记录每一

---

① 《毛泽东选集》(第2卷),人民出版社1991年版,第526页。

户的致贫原因。①经过一年多锻炼，黄文秀已从"扶贫新手"变为深受群众信赖的人。在黄文秀的不懈努力下，2018年百坭村103户贫困户顺利脱贫88户，贫困发生率降至2.71%，实现了贫困户户户有致富门路，村集体经济收入翻倍。

黄文秀对党绝对忠诚，言行一致、表里如一，始终坚持党的原则第一、党的事业第一、人民利益第一。黄文秀把坚定的理想信念，转化成为党和人民事业的不懈奋斗，坚持战斗在脱贫攻坚第一线，心系群众，倾情投入，攻坚克难，在具体的扶贫、群众、党建等工作实践中勇于担当、真抓实干、甘于奉献，以生动感人的事迹，激励我们更加自觉地践行党的初心使命，为实现"两个一百年"奋斗目标拼搏奋进。

中国特色社会主义进入新时代，党员干部应该思考如何更好在习近平新时代中国特色社会主义思想指引下，守初心、担使命，在为人民谋幸福、为民族谋复兴的伟大历史进程中，实现个人梦与家国梦的统一，实现个人价值与社会价值的统一，为实现中华民族伟大复兴的中国梦贡献自己的智慧和力量。

习近平总书记指出："中华民族是崇尚英雄、成就英雄、英雄辈出的民族，和平年代同样需要英雄情怀。对一切为党、为国家、为人民作出奉献和牺牲的英雄模范人物，我们都要发扬他们的精神，从他

---

① 《黄文秀：化作春泥为护"脱贫之花"》，《中国青年报》2019年7月2日。

们身上汲取奋发的力量,共同为推进中国特色社会主义伟大事业、实现中华民族伟大复兴的中国梦而顽强奋斗、艰苦奋斗、不懈奋斗。"①时代造就英雄,英雄引领时代。每个时代,都有一群属于它的英雄模范,都有一种奋发向上的英雄力量,而孔繁森正是这么一位站在时代前列、值得我们学习和效仿的英雄模范、时代楷模。2018年12月18日,党中央、国务院授予孔繁森改革先锋称号,颁授改革先锋奖章;2019年9月25日,孔繁森被评为"最美奋斗者"。致敬英模,铭记历史,是一个国家承前启后、一个民族饮水思源、一个时代继往开来的精神源泉。因此,我们更要向以孔繁森为代表的英雄模范学习,从他们身上汲取奋发向上、逐梦时代的精神力量,努力成为新时代的"孔繁森"。

---

① 习近平:《论中国共产党历史》,中央文献出版社2021年版,第70页。

第二章
孔繁森精神的基本内涵

孔繁森同志理想之坚定、意志之坚强、心灵之纯净、生活之朴实、律己之严格、信念之执着、爱民之深切、奉献之无私、初心之不渝,凝聚为共产党人的一种浩然正气。孔繁森精神,已经成为共产党人高扬的旗帜。孔繁森精神就是改革开放和社会主义现代化建设新时期党员领导干部对党忠诚、一心为民,勤政务实、鞠躬尽瘁,清正廉洁、高风亮节,平凡其外、崇高其内的精神;是党员领导干部不忘初心、牢记使命,勇挑重担、造福大众,践行党性宗旨的时代注解。

第一节　忠诚担当的坚强党性

在中国文化中,"小家"即家庭,在现代社会中,家庭是构成国家的基本社会单位。家庭观也称为家庭价值观,是指一个人对于家庭、家庭的意义和作用所持有的一种观点、态度或信念,它影响着个人关于家庭生活和家庭相关事务的决定。因此,凡是与夫妻关系、亲子关系、亲属关系及其他家庭或婚姻事务相关的观点、态度以及信念,都属于家庭观的范畴。

"大家"即国家。"小家"和"大家"之间应是何种关系?正常情况下,二者处于相互促进的状态,国家繁荣昌盛百姓幸福安康,百姓积极进取国家稳步发展,此时,"小家"和"大家"之间处于目标一致的状态。而当二者在某一时期某一特定条件下存在某种冲突时,当事业需要、组织需要、党和人民需要党员领导干部在二者之间做出取舍和抉择时,便是对党员领导干部党性修养、大局意识、责任意识和价值观念、人生境界的一种综合考验。人都是有血有肉有情感的,无论谁面对这样的抉择,徘徊、犹豫和挣扎都在情理之中。

一、舍家报国的家国观

孔繁森多次面临为"小家"还是为"大家"的抉择。每当面对这种两难的抉择时,他同常人一样,思想和内心深处充满矛盾,对组织的忠诚和对亲情的不舍一样使他困扰。但经过深思熟虑后,他最终选择了舍"小家"顾"大家"。

家,在孔繁森的心中同样占据着极其重要的位置,他深知家庭对他来说意味着什么。每当他选择抛下家业、离开亲人、响应组织的安排和群众的期盼时,他何尝不是充满愧疚和不舍。年迈的老母亲、体弱多病的妻子、三个未成年的孩子,还有本来就拮据的家庭经济条件,孔繁森比谁都清楚这个家更需要他这个顶梁柱,一旦他远走高原,家里的担子都要妻子一个人来扛。但他更清楚,作为党员领导干部,一个肩膀扛的是家庭,另一个肩膀扛的是国家和人民,孰轻孰重?是用情感来衡量,还是用党性来衡量,结果是不一样的。他两离桑梓奔赴西藏,伴随着对"家"与"国"之间

孔繁森(左二)与同事在阿里地区调研途中
(1992年)

第二章 孔繁森精神的基本内涵

的痛苦抉择。当他选择转身离开"小家",奔向组织安排、人民需要的"大家"时,为整个社会留下了奉献的背影。

"家是最小的国,国是千万家。"家庭的前途命运同国家和民族的前途命运是紧密相连的,孔繁森"舍小家为大家"体现了党员领导干部舍生取义的崇高品格。在孔繁森心目中,共产党员就是董存瑞,就是黄继光,就是雷锋,就是焦裕禄。哪里艰苦就应该扑向哪里,哪里有困难就应该奔向哪里。

孔繁森作为第一批援藏干部,在1979—1981年担任过日喀则地区岗巴县委副书记,在岗巴县工作3年,他跑遍了全县的乡村、牧区,与当地群众结下了深厚的友谊。1988年,山东省再次选派进藏干部,组织上认定孔繁森在政治上成熟又有在藏工作经验,决定让他带队第二次赴西藏工作。进藏后,孔繁森担任拉萨市副市长,分管文教、卫生和民政工作。1992年底,孔繁森第二次援藏工作期满,西藏自治区党委决定任命他为阿里地委书记,这一任命意味着孔繁森将继续留在西藏工作。面对人生之路的又一次重大选择,他毫不犹豫地服从党的决定、人民的需要。

在家里,孔繁森是有名的"大孝子",每逢从西藏探亲回家,便为母亲洗脚洗脸、梳头、剪指甲,背着母亲看电影,推着小车载着母亲看花灯……他不仅身体力行,还经常教育其他干部。他说:"我对不起母亲大人,我不是个好儿子!西藏有更多的老人需要我照顾,有

孔繁森在家乡山东聊城与母亲合影（1991年12月）

更多的孩子需要我抚育，我想，她老人家会原谅我的！""自古忠孝不能两全，不得为忠，安得为孝？国家有急，党有号召，高原在呼唤，我怎能袖手事外？"

党员干部要多一些家国情怀，常怀爱民之情。国是千万个家的集合，更是无数个家的放大。常思国之兴衰，心系群众疾苦，深忧民之贫富，是党员干部的责任和担当。"知责任者，大丈夫之始也；行责任者，大丈夫之终也。"只有兼顾小家与国家，将对家的情意深凝在对人民的大爱、对国家的责任担当上，人生才能真正圆满。习近平同志2010年在中央党校秋季学期开学典礼上的讲话中指出："看一个领导干部，很重要的是看有没有责任感，有没有担当精神。"党员干部要国而忘家、公而忘私，恪尽兴国之责，勇于担当，把个人价值寄托在对国家和人民的大爱与奋斗中。

二、舍己奉献的人生观

党员干部要讲奉献，一方面是其所处的特殊地位决定的。古语曰："其身正，不令而行；其身不正，虽令不从。"党员干部权力来源于人民，必然服务于人民。另一方面是践行党的宗旨的要求。人民群众对美好生活的向往，就是我们奋斗的目标。党员干部应当始终牢记党的宗旨，坚持以人民为中心，把人民的利益作为一切工作的出发点和落脚点，为了党和人民事业奋斗终生、无私奉献终生。这既是领导干部的优秀品质，也是做好本职工作的重要方法。

作为党员领导干部，孔繁森热爱人民、无私奉献的人生观展现了一位共产党员的最高人生境界，诠释了优秀党员领导干部的党性观念和宗旨意识。人生观是人们在实践中形成的对于人生目的和意义的根本看法，它决定着人们实践活动的目标、人生道路的方向，决定着人们行为选择的价值取向和对待生活的态度。孔繁森凭借其"一尘不染，两袖清风，视名利安危淡似狮泉河水"的人生观，为党员领导干部树立起无私奉献的人生航标。

孔繁森大公无私、公而忘私的奉献精神，体现在他工作的方方面面。在西藏工作期间，因农牧地区医疗物资匮乏，他每次下乡时都特地带一个医药箱，买上数百元的常用药，工作之余就给农牧民群众认真地听诊、把脉、发药、打针。他体恤百姓，不计较金钱，小小的药箱装满了对农牧地区百姓的关心。

1992年，拉萨市墨竹工卡等县发生强烈地震，孔繁森在羊日岗乡的地震废墟上，领养了3名藏族孤儿——12岁的曲尼、7岁的曲印和5岁的贡桑。他们的父母被震灾夺走了生命。他将这3个孤儿接到家里，担负起养育责任，工作再忙，仍每天坚持为孩子检查作业，嘘寒问暖，

孔繁森在西藏拉萨收养了三名藏族孤儿（1992年）

孔繁森与收养的藏族孤儿在一起（1992年）

孔繁森（右）陪伴曲印（左一）等孩子们学习（1992年）

让3个孩子体验到了火热的亲情。他的家境本来就不富裕，再加上每次下乡总要接济生活贫困的藏族群众，有时不到半个月，工资就所剩无几。领养了3个孤儿后，孔繁森经济上更加拮据。

也正是为了抚养3个孩子，在1993年的一个多月时间里，孔繁森3次来到西藏军区总医院血库，以"洛珠"的名义献血900毫升，收取医院给付的营养费900元，用于补贴家用。身为拉萨市副市长，组织上给孔繁森的待遇完全可以保障他的日常生活需要。按照孔繁森的性格，他完全不可能通过这种方式去增加自己的收入。我们无法想象孔繁森作出上述选择时的纠结与无奈，又深深感佩他的坦荡与崇高。900毫升的鲜血换来的不仅是900元，而且蕴含了孔繁森对3个藏族孤儿深深的爱，对老百姓和贫苦群众深沉的爱，蕴含着一位共产党员、一位党的领导干部对人民无私的大爱。

在他的身上，凝聚了中华民族的传统美德。他是一个大孝子，从一般意义上来说，他可以遵循自己的天性和美德，做一个好儿子、好丈夫、好父亲，但是共产党员的天职，又使他将亲情升华为党员干部对群众的大爱，使他的道义感上升为对国家的责任感和使命感。孔繁森身上展现出了共产党员国而忘家、公而忘私的崇高品质，值得党员领导干部深入体会并学习践行。习近平总书记在第十八届中央纪律检查委员会第三次全体会议上的讲话中谈道："作为党的干部，就是要讲大公无私、公私分明、先公后私、公而忘私，只有一心为公、事事出于公心,才能坦荡做人、谨慎用权,才能光明正大、堂堂正正。"[1] 孔繁森在工作中时刻为百姓考虑、不计较个人得失,体现了共产党人重要的奉献精神。

共产党员的奉献精神是中国共产党永葆青春的精神根基。党员干部是党和国家事业的"推动者""践行者",是人民群众的"服务者""引导者"。在思想上要坚持党和人民的利益高于一切,个人利益服从党和人民的利益;在工作上要时时处处先公后私、先人后己,不计个人得失、艰苦奋斗、无私奉献,用实际行动来践行党的全心全意为人民服务的宗旨。

---

[1] 《认真学习习近平总书记在十八届中央纪委三次全会上重要讲话精神》,人民出版社2014年版,第21页。

第二节　一心为民的公仆情怀

共产党的干部就是人民的公仆。党员干部应该如何在知行统一中扮演好人民公仆的角色,做好党和人民交付的各项工作?习近平总书记在河北调研指导党的群众路线教育实践活动时的讲话中指出:"从思想上解决问题,就是要从思想上真正明白自己的公仆身份,自觉摆正自己的位置,站稳群众的立场,增进同群众的感情,克服一切脱离群众、违背群众意愿、损害群众利益的私心杂念。从行动上解决问题,就是要端正作风、端正行为,做一个堂堂正正的人,做一个合格的共产党员,做一个称职的党的干部。"[1]时刻把人民放在心中,打心底热爱人民,为人民的一切着想,是一个称职的党员领导干部应该做的,也是必须做的。

---

[1] 中共中央文献研究室、中央党的群众路线教育实践活动领导小组办公室编:《习近平关于党的群众路线教育实践活动论述摘编》,中央文献出版社2014年版,第23页。

一、共产党人爱的最高境界是爱人民

能否为人民服务、是不是全心全意为人民服务，是共产党人根本的世界观和人生观问题。共产党人把全心全意为人民服务作为党的根本宗旨和基本实践原则，确立为共产党人理想人格的基本思想内容和基本价值取向，行动上必然把人民利益作为价值创造活动的根本出发点和归宿。

回顾孔繁森的光辉一生，每一名党员领导干部都能从中体悟到那份忠诚坚定的理想信仰，那份不畏艰险的拼搏精神，那份开拓进取的优良作风，那份心怀人民的公仆情怀，那份清正廉洁的高尚品格……孔繁森下乡有"四必到"：必到敬老院，必到学校，必到边防哨卡，必到贫困牧民家庭。抗击雪灾时，孔繁森到达受灾最严重的地方，坚持走访最偏僻的受灾户。同行人员劝他，情况摸清了，受灾情况也录像了，回去向自治区汇报就行了。你身体这么差，那些救灾粮款让其他人送去就行了。孔繁森却说，这么大的雪

孔繁森与藏族群众在一起
(1988 年)

灾，我们不去，群众就会认为党和政府不管他们了！救灾物资到，和人到是不一样的！就算有一个人在那里，我也要去看他，让他知道，党和政府在关心着他，在和他一起跟自然灾害做斗争，让他感到今生今世的幸福，感受到社会主义大家庭的温暖。

工作之余，他为缺医少药的农牧民送医送药，每年在这上面的花费有几千元。尽管这些对整个藏区人民的医疗需求来说是杯水车薪，可对每一个病人，往往关乎健康和生命。有一次，孔繁森通过吸痰救活了一个叫仁青的小男孩。1979年3月7日出生的仁青，如今在岗巴县昌龙乡乃村务农。孔繁森把西藏人民视同自己的家人，西藏的老人是他的老人，西藏的孩子是他的孩子，西藏的土地是他的家乡，他在西藏这片土地上任劳任怨、付出心血，只为能给西藏人民创造更好的生活。

在孔繁森的人生词典里，写满了爱字，党员领导干部大写的"爱"。爱祖国、爱人民、爱事业、爱西藏、爱集体、爱家乡、爱亲友、爱自然，爱他应该爱、能够爱的一切……为了这伟大的爱，他无私奉献乃至不畏牺牲自己宝贵的生命。他像虔诚的信徒和苦行僧一样坚守着心中的信仰，执着地坚持着共产主义信念和全心全意为人民服务的理想，无怨无悔，持之以恒。他为人民而活着，为人民而奋斗，为人民而献身。他的爱比母子之爱、父子之爱、夫妻之爱更博大，超出了至爱亲情的世俗情感，升华到一个新的境界。

二、共产党人的宗旨是全心全意为人民服务

孔繁森当年选择到祖国和人民最需要的地方去,到最困难、最艰苦的地方去干事创业,时刻将边远地区困难群众放在心中,关心弱小,从小事做起,真正利民为民,将百姓视为家人。孔繁森从部队到地方,从鲁西到阿里,踩出一条闪光的人生轨迹。

中国特色社会主义进入新时代,以习近平同志为核心的党中央,继承和弘扬马克思主义思想,审时度势,提出了"以人民为中心"的发展理念,将马克思主义中国化的人民主体思想提高到一个新的境界,为新时代中国特色社会主义事业发展指明了正确的价值航向。

习近平总书记对"以人民为中心"这一重要命题的丰富内涵做了深入的阐述:人民是历史的创造者,是决定党和国家前途命运的根本力量。必须坚持人民主体地位,坚持立党为公、执政为民,践行全心全意为人民服务的根本宗旨,把党的群众路线贯彻到治国理政全部活动之中,把人民对美好生活的向往作为奋斗目标,依靠人民创造历史伟业。作为习近平新时代中国特色社会主义思想的重要内容,坚持"以人民为中心"的思想体现了中国共产党对《共产党宣言》基本思想一以贯之的根本遵循。

中国共产党"以人民为中心"的思想就是对《共产党宣言》基本思想关于改造旧世界、创建新世界的根本目的之要义的根本遵循和创

造性发展。它体现了历史唯物主义的根本原理，反映了社会历史发展的规律，蕴含着共产主义运动最本质的内容。"以人民为中心"的思想像一条红线，始终贯穿于党和国家的全部理论和实践中。党的十九大报告对此从多方面做出说明。

如在论及"发展"时强调："必须坚持以人民为中心的发展思想，不断促进人的全面发展、全体人民共同富裕"。在论及"发展社会主义民主政治"时指出，"人民当家作主是社会主义民主政治的本质特征"，"发展社会主义民主政治就是要体现人民意志、保障人民权益、激发人民创造活力，用制度体系保证人民当家作主"；在论及"推动社会主义文化繁荣兴盛"时指出："满足人民过上美好生活的新期待，必须提供丰富的精神食粮"；在论及"加强和创新社会治理"时要求，"全党必须牢记，为什么人的问题，是检验一个政党、一个政权性质的试金石"，"必须始终把人民利益摆在至高无上的地位"，"改革发展成果更多更公平惠及全体人民"，"使人民获得感、幸福感、安全感更加充实、更有保障、更可持续"；在论及"建设美丽中国"时指出："既要创造更多物质财富和精神财富以满足人民日益增长的美好生活需要，也要提供更多优质生态产品以满足人民日益增长的优美生态环境需要"；在论及"坚定不移全面从严治党"时强调："人民群众反对什么、痛恨什么，我们就要坚决防范和纠正什么"。所有这些战略安排和战略目标，都是"以人民为中心"思想在经济社会发展各个领域的体现，在人民生活各个方面的现实展开。归根结底，其根本遵循都是《共产党宣言》的基本思想。

三、孔繁森是人民公仆的代表人物

孔繁森将"人民公仆"四个字深深刻在自己的信仰里，融入自己的言行中，他全部的为官从政生涯就是一部鲜活、生动的人民公仆史。孔繁森用历史唯物主义的群众观指导自己履职尽责的一切活动，虚心当群众的勤务兵，勤勤恳恳地做人民的勤务员。因此，他得到了西藏各族人民群众乃至全国人民的拥护和爱戴。

领导干部的权力是党和人民赋予的，是为党和人民做事用的，姓公不姓私，只能用来为党分忧、为国干事、为民谋利。习近平总书记指出："要完善党内权力运行和监督机制，实行权责对应，坚决反对特权，防止滥用职权。执政党对资源的支配权力很大，应该有一个权力清单，什么权能用，什么权不能用，什么是

孔繁森到拉萨的敬老院了解老人生活
（1988年）

公权,什么是私权,要分开,不能公权私用。"①权力姓公不姓私,是对领导干部廉洁执政的重要诠释,权力要合理使用,为人民服务而用,而不是利己,利用人民赋予的权力为自己谋私利,严重违背共产党人的初心和使命,更违背对领导干部的基本要求。

习近平总书记强调:"要坚持不懈强化宗旨意识,解决好党员、干部是人民公仆的角色定位问题,党员、干部只有为人民服务的责任和义务,必须严格要求自己,各级党组织要加强教育引导、加强监督检查、加强纪律约束。"这一重要论述,对于加强党员干部的党性修养、强化人民公仆的角色定位、更好履行共产党人的崇高职责,具有重要意义。

角色原本是戏剧中的一个概念,指戏剧舞台上的剧中人物,后被引入社会学领域中,用这一概念说明个体在社会舞台上的身份及其行为。角色是指占据一定社会位置,能按照社会对这个位置所要求的规则行事的行为者。角色总是由个人扮演的,从一定意义上说,就是个人职位,隶属于职业,突出的是扮演者所承担的责任,本质上反映一种社会关系。角色学习,就是指社会成员掌握社会角色的理想性的行为准则、技能,提高角色认知水平,缩短与理想角色的差距的过程,通过社会化造就社会需要的社会角色,最终实现自我的社会化,努力

---

① 中共中央纪律监察委员会、中共中央文献研究室编:《习近平关于党风廉政建设和反腐败斗争论述摘编》,中央文献出版社、中国方正出版社2015年版,第129页。

服务社会。

随着社会的发展和分工的需要，势必形成不同的角色担当。在我国社会中，就党员干部特别是领导干部这一角色而言，不仅要求高，拥有先进性的特征，而且作用大，具有明显的政治性。他们所从事的工作虽然也是一种职业，与其他各行各业的工作人员一样并无高低贵贱之分，但毕竟是一种特殊的职业，掌握着社会的公共权力。他们处于领导者、组织者和示范者的特殊地位，担负着不同层次的党和国家的领导责任。他们的职业活动，代表国家和各级政府行使国家权力，制定和执行政策，集决策、教育、引导、组织、执行等诸多功能于一身。

领导干部的特定地位决定了其源于社会个体又超越社会个体的属性，决定其在权与责之间的行为选择重心与选择方向。领导干部拥有和实施权力是为其履行社会责任提供保障，而不是也绝不能是为谋取个人私利提供便捷。这种职业特点，决定了党员干部责任重大，意味着他们需要受到特定角色规范的制约，拥有更高的标准。明确了这一机理，树立强烈的角色意识，有助于党员干部端正自己的行为动机，进而避免偏离应有角色规范的现象。人民群众对于党的形象的认识，总是在与党员干部的接触中产生的。党员干部对权力的正确认识和使用，可以生长出人民群众对党和国家掌握与运用权力人员的信任；党员干部对自身角色的正确认识和执行，可以生长出党在人民群众心目中的崇高威望和地位，这是把中国特色社会主义事业不断推向前进的重要保证。

在新的历史条件下，面对长期执政考验、改革开放考验、市场经济考验、外部环境考验，面对精神懈怠的危险、能力不足的危险、脱离群众的危险、消极腐败的危险，如何抓好党员干部队伍建设，使他们经受住"四大考验"，继续战胜"四种危险"，始终保持共产党人政治本色，是一个迫切需要解决的重大课题。党的十八大以来，习近平总书记针对这一重大课题多次发表重要讲话。习近平总书记强调党员干部是人民公仆，进一步明确了党员干部的角色定位。"各级国家机关及其工作人员，不论做何种工作，说到底都是为人民服务。这一基本定位，什么时候都不能含糊、不能淡化。"[①]对各级领导干部而言，职位是手段，服务是目的；为了人民是本质，服务人民是天职，人民对美好生活的向往就是奋斗目标。必须坚持全心全意为人民服务，坚持执政为民，以人民忧乐为忧乐，以人民甘苦为甘苦，真正做到为人民用权、为人民履职，用实际行动为人民谋利益、谋幸福，不断实现好、维护好、发展好最广大人民的根本利益。

习近平总书记提出好干部的五条标准：信念坚定、为民服务、勤政务实、敢于担当、清正廉洁。要始终坚持德才兼备的标准，把选人

---

① 习近平：《在庆祝全国人民代表大会成立60周年大会上的讲话》，人民出版社2014年版，第13页。

★ 高原守护者：孔繁森

用人作为关系党和人民事业的关键性、根本性问题来抓，努力造就政治上靠得住、工作上有本事、作风上过得硬、人民群众信得过的干部队伍。习近平总书记强调，各级领导干部都要树立和发扬好的作风，既严以修身、严以用权、严以律己，又谋事要实、创业要实、做人要实。①这"三严三实"阐明了党员干部的修身之本、为政之道、成事之要，对党员干部修身做人、为官用权、干事创业提出了明确要求。习近平总书记的重要论述，深刻地阐明了新形势下党员干部的角色定位和要求，为我们树立为民务实清廉的公仆形象指明了方向。

当前，我们党员干部队伍总体上是先进的、纯洁的、有战斗力的，这是我们党能够赢得人民拥护和支持的根本所在。但在一些党员干部中也不同程度地存在不符合党的先进性和纯洁性要求的问题，这严重影响到党在人民群众中的威信，削弱了党的战斗力。党的十八大以来，特别是党的群众路线教育实践活动开展以来，党中央从严治党，狠抓作风建设，党风政风得到明显改善，呈现出新的气象。但部分党员干部身上也出现了一些不可忽视的现象。比如，有的党员干部觉得"当官没劲了"，发出"为官不易"的感慨，出现"为官不为"的状态。

---

① 《领导干部"三严三实"学习读本》编写组：《领导干部"三严三实"学习读本》，人民出版社2015年版，第1页。

这些问题的存在，究其原因，归根结底就是因为他们对自己的角色定位认识模糊，根本没有明确当"官"的根本任务就是为人民服务。因此，党员干部筑牢理想信念、提高思想觉悟，不断地强化人民公仆的角色意识，才能为反"四风"筑牢思想防线，为改进作风、联系群众增添精神动力。

第三节　克己奉公的高尚品质

2015年，习近平总书记在中央政治局"三严三实"专题民主生活会上的讲话中谈道，干部要手握戒尺，就是手握法律的戒尺、纪律的戒尺、制度的戒尺、规矩的戒尺、道德的戒尺，做到克己奉公。我们的内心要始终装着一把党性的尺子，衡量人生得失，把握行为尺度。严守纪律的高压线，不是应得的不能触碰，切勿贪恋一时财富。俗话说，不以规矩难成方圆。社会有社会的规矩，法制社会需要每个公民遵守法律，而党也有党的纪律，每位党员都应该遵守党的纪律。习近平总书记将党员干部思想上的滑坡比作"总开关"没拧紧，党员干部若不能正确处理公私关系，缺乏正确的是非观、义利观、权力观、事业观，各种出轨越界、跑冒滴漏就在所难免了。[①]

[①] 中共中央文献研究室编：《十八大以来重要文献选编》，中央文献出版社2016年版。

第二章　孔繁森精神的基本内涵

一、一身正气，两袖清风

位不在高，廉洁则名。清廉，是中国传统文化的重要组成部分，也一直被视为个人美德、社会公德的重要组成部分。对于具有先进思想政治觉悟和较高道德品质修养的党员领导干部群体，清廉更应该是其个人品德和为官政德的必备要素。清廉，是汉语词汇，意指清白廉洁。早在封建社会，"廉"就被封建士大夫奉为立身处世的根本。流传至今的许多清正廉洁的故事，不禁令人肃然起敬，由衷地称赞这些清正廉洁之士。

海瑞罢官的故事是自古至今流传的关于高尚官德的佳话。海瑞（1514—1587）一生刚直不阿，执法如山。他体察民情，革除弊政，坚决反对贪污和奢侈；禁馈赠，惩贪官，秉公执法，铁面无私，清除积弊，昭雪了许多冤狱。海瑞生前俭朴到一般人难以置信的地步。他的私章用泥巴刻成，夏天睡在一张破席上，盖着夫人的旧裙……万历十五年（1587年）十月，74岁的海瑞以老病之身卒于官舍，赖同僚捐治葬具才得葬殓。同乡苏民怀检点其遗物，只有竹笼一只，内有俸金八两、旧衣数件而已。海瑞深得百姓拥戴，发丧之日，市民送者夹岸，酹酒而哭者百里不绝，被百姓呼为"海青天"。时人王世贞以九字评："不怕死，不爱钱，不立党。"

清廉和朴素是一对孪生品质。没有朴素之心，难有清廉之品。孔繁森的清廉和朴素让人为之感动。他常常对周围的同事和党员干部讲："艰苦朴素是共产党员的本色，领导干部不能有娇气，不能讲阔气。"他是这样说的，也是这样做的。熟悉孔繁森的人，都知道他日常生活特别节俭，都知道这位地委书记有几个令人敬仰的小故事：穿九元裤子的地委书记，吃兰州拉面的高级干部，住普通病房的大本布拉（"大本布拉"为藏语，大干部），坐公交车的厅级领导……有一次，当时的阿里地委宣传部副部长柴腾虎陪孔繁森到基层去，在门口碰到一个人满脸堆笑地拦车。孔繁森面色冷峻，让司机开车照常前行。柴腾虎很是纳闷，平时一向和蔼可亲的孔书记怎么这么严肃？一打听才知道，那人是个包工头，想承揽阿里的某个工程项目，前一天找到孔繁森的办公室，掏出5000元，想让孔繁森跟有关部门打个招呼，让孔繁森批评了一顿，装钱的信封也被扔到门外。孔繁森同志是一位清正廉洁、勤政为民的好干部。他不追求奢靡的生活，生活水平比正常的还低，大方地为有需要的百姓买药而自己穿着带有补丁的衣服，乐观积极地坚守在岗位上，这样的行为正是对于清廉和朴素最好的解释。

二、克己奉公，淡泊名利

克己奉公这则成语的意思是约束自己的私欲，以公事为重，比喻一个人对自己要求严格,一心为公。将该词分开来释义,克己是指克制、约束自己,克制住自己的私心;奉公是指以公事为重。语出南朝宋范晔的《后汉书·祭遵传》:"遵为人廉约小心,克己奉公,赏赐辄尽与士卒,家无私财。"

无论是古时还是现代,中华民族克己奉公的典型比比皆是。东汉初年的祭遵从小喜欢读书,知书达理,虽然出身豪门,但生活非常俭朴。公元24年,刘秀攻打颍阳一带,祭遵去投奔他,被刘秀收为门下吏。后随军转战河北,当了军中的执法官,负责军营的法令。任职中,他执法严明,不徇私情,为大家所称道。有一次,刘秀身边的一个小侍从犯了罪,祭遵查明真情后,依法对这个小侍从处以死刑。刘秀知道后,十分生气,心想祭遵竟敢处罚他身边的人,欲降罪于祭遵。但马上有人来劝谏刘秀说:"严明军令,本来就是大王的要求。如今祭遵坚守法令,做得很对。只有像他这样言行一致,号令三军才有威信啊。"刘秀听了觉得有道理,后来非但没有治罪于祭遵,还封他为征虏将军、颍阳侯。祭遵处事谨慎,克己奉公,常受到刘秀的赏赐。祭遵死后多年,汉光武帝刘秀仍对他的克己奉公精神十分怀念。

"公生明,廉生威。"习近平总书记强调,作为党的干部,就是要讲大公无私、公私分明、先公后私、公而忘私。[①]然而,少数党员

---

① 《认真学习习近平总书记在十八届中央纪委三次全会上重要讲话精神》,人民出版社2014年版,第21页。

干部以权谋私、腐化堕落，根本原因就是在思想上混淆了公与私的界限，将私利、私欲凌驾于公利之上，有私而无公，损公肥私。正确处理好公与私的关系，是党员干部的必修课。作为党员领导干部就是要时刻做到"克私欲"，遵循"治官事则不营私家"的古训。党员干部要坚决把私欲关进纪律的笼子里，严于律己，不假公济私，不任人唯亲，时刻牢记"公款姓公，一分一厘都不能乱花。公权为民，一丝一毫都不能私用"。做到公私分明，塑造党员干部的光辉形象，才能赢得人民群众的爱戴。毛泽东同志经常拿起"公与私"的标尺丈量自我，曾为自己定下"三原则"：恋亲，但不为亲徇私；念旧，但不为旧谋利；济亲，但不以公济私。东山县原县委书记谷文昌反复叮嘱家人"不许沾公家的一点油"，当他发现县委机关食堂炊事员给自己的小儿子多打了点菜，从此便禁止孩子到食堂买饭。回望来路，中国共产党人筚路蓝缕、不畏艰险，能够始终赢得人民的信任和拥护，靠的正是立党为公、不谋私利、克己奉公。

孔繁森是克己奉公的典范。他把自己看作人民的儿子，格外珍惜人民赋予的权力，无私为官，勤政为民，把运用权力为人民做好事作为一种崇高的职责。他说："率领群众致富，是我们的天职。""为人民办点事，是我们共产党员的本分。""权力是一种责任，一副担子，一种义务。"

第四节　迎难而进的拼搏精神

"世上无难事，只要肯登攀。"知难而进，一往无前，是共产党人的优秀品格，是把各项事业不断推向前进的精神动力。作为新时代的共产党人，应该把孔繁森同志作为学习的榜样，不畏惧困难，只有看到困难中孕育着发展希望，挑战中蕴含着胜利曙光，认真研究困难，勇敢应对挑战，才是肩负时代使命和人民重托的中国共产党人应有的精神状态。

一、继承传统，艰苦奋斗

周恩来同志一生清廉、简朴。在很多人的印象中，他总是风度翩翩的。其实，他没有几套像样的衣服，大部分穿了几十年，有的破了，补补继续穿。有一次，他穿补过的衣服接待外宾，身边的工作人员说："总理啊，你这套礼服很早就应该换了。"他笑笑说："穿补丁衣服照样可以接待外宾嘛，织补的有点痕迹也不要紧，别人看到也没有关系。丢掉艰苦奋斗的传统才难看呢！"听完这些话，工作人员十分感动。现在很多人爱攀比，就连个别党员领导干部也秉持所谓"有档次、品牌才显身份、地位，才有品位"的奢靡价值观。

　　周恩来同志的艰苦朴素为全国的党员干部树立了榜样。新中国成立初期，他搬到中南海西花厅，一住就是26年，一直到他逝世。西花厅是清朝时修建的老平房，潮湿阴冷。身边的工作人员于心不忍，多次提出装修，但是他坚决不同意。1959年，趁他和夫人去外地，离开时间比较长，相关部门决定对西花厅进行一次保护性的维修。他回来一进门就惊讶地问："这是怎么回事？谁叫来维修的？！"他接着说："我身为总理，带一个好头，影响是一大片；带一个坏头，影响也是一大片。所以，我必须严格要求自己。"按照他的要求，新添的那些地毯、沙发、窗帘、吊灯等统统退掉。不仅如此，针对这次修房的事情，他主动在国务院会议上做了三次检讨，向到会的副总理和部长说："千万不要重复我这个错误。"

孔繁森在下乡途中与藏民交流
（1993年）

　　孔繁森在西藏期间诠释了艰苦朴素、廉洁奉公的美好品质。他在调研途中与百姓同吃同住，工作忙碌顾不上按时吃饭,饿了他吃风干的肉干,渴了就喝山上流下来的雪水,艰苦的条件并没有挫伤他工作的积极性,在这样恶劣的条件下,他仍然为人乐观,朴素善良,深入边远地区,了解民众所需,用心地为西藏的发展添砖加瓦。一代又一代中国共产党人用自己的行动警醒后人,要谦逊、朴素为政,艰苦奋斗不是含着蜜工作,而是不论条件多艰苦、困难多复杂,都能够咬牙挺住,牢牢锁定目标,以纪律为尺子,真正为社会进步做贡献,真正为百姓办实事。

二、迎难而进,最美逆行

知难而进,意为迎难而上,明明知道有困难,但依然不退缩。这不仅是一种大无畏的勇气,更需要智慧、境界和担当。共产党人,尤其是党的领导干部更应该有这种担当。

在孔繁森的职业生涯中,知难而进是一种鲜亮的底色,是一种行成于思的自觉,是一种心甘情愿的担当,是一种只争朝夕的拼搏。面对高海拔环境,面对恶劣的气候和复杂的交通,孔繁森不仅对身体所受的损伤无所畏惧,而且甘愿冒着随时可能遇到的生命危险,知重而担,知难而进,在"一不怕苦、二不怕死"的精神支撑下,不惧艰险、不怕牺牲、勤勉工作。岗巴县平均海拔超4700米,空气含氧量少,下一次乡要一个多月,到最远的乡村需要走10天,有时一天也找

孔繁森在岗巴县和同事在一起（左一）

不到一个村子。孔繁森像县里干部一样，吃糌粑、喝酥油茶，一开始并不习惯。由于缺乏维生素，他出现了头发脱落、口腔溃疡、嘴唇开裂、指甲变软、体重下降等情况。这些困难并没有阻挡孔繁森融入藏区工作生活的脚步。在给友人的信中，孔繁森写道：原来打一担水要休息两次，后来到400米外打水，可以一次挑到家。

从进藏第一天开始，孔繁森就把这片土地作为自己的第二故乡，参加藏语培训班，认真听，卖力读，很快掌握了32个藏文字母和当地日常用语。他克服高原反应，学会了骑马，很快适应了藏区的生活方式。1989年11月，孔繁森在驱车下乡检查工作途中发生车祸。他在病房躺了十多天，还未完全康复就提前出院。在把别人送他的水果和营养品都送到敬老院后，他便带领考察组到北京、重庆、杭州、合肥等地的16所中学看望藏族班学生。病痛折磨着他，可他全然不顾。由于这次车祸没有得到彻底的治疗，孔繁森留下了脑震荡后遗症、右眼成像重影、颈腰损伤的终身残疾。在艰险的工作生活环境下,孔繁森同志始终保持不畏艰难、顽强拼搏的钢铁意志,坚韧不拔、敢于胜利的英雄气概,带领群众谋发展。

困难是客观存在的,不以人的意志为转移。面对困难的正确态度是迎难而上而不是消极退缩。犹豫和畏缩没有希望,越是困难越向前,我们的事业才有光明,才能成功。经验证明,成就任何一项事业都离不开同困难做斗争,唾手可得的事是没有的。新时代中国特色社会主义伟大事业只有不断克服困难、战胜挑战才能向前推进。克服困难、解决困难的过程,就是推进中国特色社会主义现代化建设事业的过程。看不到困难是盲目的,害怕困难则是懦夫。只有看到困难中孕育着发展希望,挑战中蕴含着胜利曙光,认真研究困难,勇敢应对挑战,才是肩负时代使命和人民重托的中国共产党人应有的精神状态。正所谓自强不息,励精图治,在实践中积累成功的经验,在改革中解决前进中的问题,在不断创新中推进事业的发展。

如此,难则不为难,实则是一块磨炼人的砥石,可以使失败者走向成功,使成功者获得更大的成功。俗话说:"志不求易,事不避难。"既然共产党人面对党旗立下此生忠贞不渝的誓言,遇到困难时就要勇敢面对。古人云:"有志事易,无志事难。知难不畏,绝壁可攀。"干事创业谋求发展,一定要有果敢勇气与坚定不屈的精神。

第五节　开拓进取的优良作风

历史和实践反复证明,中国共产党是敢于担当的马克思主义政党。在人类文明史上,从来没有哪一个政党或群体,像中国共产党这样,承担的责任如此重大,面对的挑战如此严峻,而我们党当仁不让、义无反顾、毅然决然把历史和人民托付的重担挑到自己双肩之上,排除万难、一往无前,做出巨大牺牲,取得辉煌成就。可以说,中国共产党的历史,就是一部中国共产党人的担当史。一代又一代中国共产党人前仆后继、浴血奋斗,带领中国人民创造着中华民族伟大复兴的壮丽史诗。

一、共产党人的使命担当:开拓进取

"开拓"一词通常指事物从小到大地发展、扩大,最早见《后汉书·虞诩传》:"先帝开拓土宇,劬劳后定,而今惮小费,举而弃之。"现代汉语常用来指开辟、开创、扩大、发展、拓展之意。"进

取"一词一般指努力上进,力图有所作为,也有求取、追求、攻取等意思,最早见《论语·子路》:"狂者进取,狷者有所不为也。"现代汉语多用来指努力上进、立志有所作为的意思。对于共产党人而言,开拓进取是重要的使命担当。

在不同的社会历史时期,在不同的发展阶段,共产党人的担当有着不同的内涵。在人民民主专政的社会主义国家,在社会主义初级阶段,当剥削阶级作为一个阶级已经被消灭,党的主要使命是处理人民内部矛盾,带领人民大力发展社会生产力,不断改善人民的物质文化生活水平。在改革开放和社会主义现代化建设新时期,在各项事业中不断开拓进取是共产党人担当的具体表现。孔繁森,作为身居要职、主政一方的领导干部,他的开拓进取精神是促进当地改革发展的重要因素之一。无论在家乡任职,还是援藏,孔繁森总能够从当地经济社会发展的实际出发,带领干部群众充分发挥主观能动性,开拓进取,使当地的经济社会发展面貌和人民群众的生活水平焕然一新。

孔繁森在西藏慰问官兵
(1988年)

阿里是西藏最艰苦的地区之一,孔繁森为改变当地的经济状况做了大量调查,

孔繁森与藏族群众庆丰收
（1994年）

他搞调研、做规划，用务实之心、谋事之心、创业之心，推进阿里的发展。在阿里，孔繁森有三分之一的时间是在县乡度过的，每一次下乡少说也要十天八天。路不通就骑马，马过不去就步行。长时间骑马下乡，腿都被磨破了，裤子和血肉都粘在一起。不到两年时间，全地区106个乡，他跑了98个，行程8万多公里。

孔繁森提出了很多解决问题的方法和对策，其中蕴含着许多经济价值。对于阿里的经济发展，孔繁森在充分调研的基础上，提出要先抓边贸、旅游、矿业开发，以外贸、旅游、矿业开发为突破口，带动其他方面。在孔繁森的勤奋工作下，阿里经济有了较快的发展。从1994年开始，全西藏地区的国民生产总值超过1.8亿元，比1993年增长37.5%；西藏地区的国民收入超过1.1亿元，比1993年增长6.7%。他为了制订把阿里地区的经济带上新台阶的规划，准备在西藏地区最有潜力的边贸、旅游等方面下功夫。为此，他带领西藏有关部门，亲自到新疆塔城进行边贸考察。

孔繁森作为阿里军分区党委第一书记，为国家安全和边境安定做了大量富有成效的工作。他跑遍分区每一个边防哨卡,为军分区解决巡逻车辆不足问题,为无人区哨兵送去新鲜的牛羊肉、蔬菜,还有录像带和卡拉OK机,处理缺少执勤马匹、牦牛和烤火用的牛粪的问

兼任阿里军分区党委第一书记的孔繁森
在边防线上巡防(1994年)

题,为巴尔兵站建立投递点,为20多位官兵和家属解决生活困难。他制订并部署实施阿里双拥规划,全地区军政、军民、民族团结出现崭新局面,日土县、札达县、军分区分别跨入双拥模范县和双拥先进集体的行列,使阿里地区双拥创建工作实现零的突破。

二、共产党人鲜明的作风:求真务实

"求真",意指追求事物发展的真理所在和寻找事物发展的客观规律,是在科学的理论与方法的指导下不断地认识事物本质、把握事物规律的过程。坚持求真务实,是坚持马克思主义科学世界观和方法论的本质要求。"务实",就是讲究实际、实事求是。这是中国传统农耕文化较早形成的一种民族精神。王守仁的《传习录》说:"名与

实对，务实之心重一分，则务名之心轻一分。"这就是中国文化注重现实、崇尚实干精神的体现。务实排斥虚妄，拒绝空想，鄙视华而不实，追求充实而有活力的人生。求真务实是共产党人一贯的优良作风和品质。做好党和国家各项工作，关键在求真务实真抓实干。

孔繁森的一生，是党员领导干部求真务实的生动脚本。在孔繁森身上，可以发现他能够做到自我监督、自我调节，及时适应环境，具有良好的情绪调适能力；更为重要的是，他把自尊、自爱、自信、自强、自制转化为超人的付出和工作热情，在默默的奉献中实现自我，达到人格升华。1994年2月，一场50年不遇的暴风雪，让还没解决温饱问题的阿里雪上加霜。雪灾增加了数以万计的灾民，50多万头牲畜冻饿而死，直接经济损失超过亿元。孔繁森带领工作队踏着齐腰深的积雪，深入受灾最严重的革吉、改则两县，把每户牧民的受灾情况一一记在笔记本上，挨家挨户地走访牧民、分发救灾物品和救济款。为老百姓办实事是身为领导干部的要求，也是我们可以从孔繁森的工作中所能深深体会到的。

中国特色社会主义进入新时代，党带领中华民族所确立的"第一个百年奋斗目标"全面建成小康社会已经如期完成。在新征程上，实现第二个百年奋斗目标，进而实现中华民族伟大复兴的中国梦，就是要靠全体中国人实干、苦干、真干。尤其是各级党员领导干部，要牢记"空谈误国，实干兴邦"的道理，坚定理想信念，提高推动科学发展能力，切实改进作风，脚踏实地创造新的更大业绩。习近平总书记曾形象地告诫人们，中华民族伟大复兴，绝不是轻轻松松、敲锣打鼓就能实现的。

在真抓实干的过程中，党员领导干部首先要做到信念坚定、为民服务、勤政务实、敢于担当、清正廉洁。党的干部必须坚定共产主义远大理想，真诚信仰马克思主义，矢志不渝为中国特色社会主义共同理想而奋斗，全心全意为人民服务，求真务实、真抓实干，坚持原则、认真负责，敬畏权力、慎用权力，保持拒腐蚀、永不沾的政治本色，创造出经得起实践、人民、历史检验的实绩。

习近平总书记在纪念刘华清同志诞辰100周年座谈会上的讲话中指出："求真务实是共产党人的重要思想和工作方法。我们一定要在实践中认识真理、把握规律，用发展着的马克思主义指导新的实践，用新的实践丰富和发展马克思主义，敢于直面矛盾，敢于较真碰硬，为做好党和国家工作深思深察、尽责尽力、善作善成。"

习近平总书记在2017年春节团拜会上的讲话中强调："做好党和国家各项工作，关键在求真务实、真抓实干。"对于党员领导干部而言，真抓实干就是要说真话报真情做实事求实效，不能搭花架子做表面文章。习近平总书记指出："干事创业一定要树立正确政绩观，做到'民之所好好之，民之所恶恶之'。要求真务实、真抓实干，做工作自觉从人民利益出发，决不能为了树立个人形象，搞华而不实、劳民伤财的'形象工程''政绩工程'。"①

2016年12月,习近平总书记在主持中央政治局民主生活会并发表重要讲话时强调:"国家事业发展,离不开全党脚踏实地、真抓实干。抓工作,是停留在一般性号召还是身体力行,成效大不一样。讲实话、干实事最能检验和锤炼党性。中央政治局的同志要带头崇尚实干、狠抓落实,深入调研、精准发力,让改革发展稳定各项任务落下去,让惠及百姓的各项工作实起来。抓好落实,必须大兴调查研究之风,对真实情况了然于胸。面对新形势新挑战,要发扬斗争精神,既要敢于斗争,又要善于斗争,在事关中国特色社会主义前途命运的大是大非问题上坚定不移,在改革发展稳定工作中敢于碰硬,在全面从严治党上敢于动硬,在维护国家核心利益上敢于针锋相对,不在困难面前低头,不在挑战面前退缩,不拿原则做交易,不在任何压力下吞下损害中华民族根本利益的苦果。"②

2017年2月,习近平总书记在主持中央全面深化改革领导小组第三十二次会议的重要讲话中强调:"党政主要负责同志是抓改革的关键,要把改革放在更加突出位置来抓,不仅亲自抓、带头干,还要勇于挑最重的担子、啃最硬的骨头,做到重要改革亲自部署、重大方案亲自把关、关键环节亲自协调、落实情况亲自督察,扑下身

---

① 中共中央党校编:《全国优秀县委书记风采录》(上),人民出版社2015年版,第7页。
② 人民日报海外版记者部著,严冰主编:《安天下——十八大以来治国理政新方略》,人民出版社2017年版,第23～24页。

子,狠抓落实。"①

以钉钉子精神抓好改革落实,严格要求自己,努力寻求工作的突破,真正做到一切为了人民,一切依靠人民,从群众中来,到群众中去,正是孔繁森精神所彰显的马克思主义人民观的科学内涵。

---

① 人民日报海外版记者部著,严冰主编:《安天下——十八大以来治国理政新方略》,人民出版社2017年版,第22页。

第三章
孔繁森精神的历史定位

孔繁森同志的先进事迹彰显了一名共产党员全心全意为人民服务，为推进改革开放、建设中国特色社会主义、实现共产主义理想而奋斗终身的精神；彰显了改革开放和社会主义现代化建设新时期党员领导干部廉洁自律、艰苦奋斗，不断增强党性锻炼，保持共产党人初心和本色的精神。孔繁森同志表现出的这种精神，就是共产党人的时代精神、共产主义的时代精神。孔繁森精神一个显著的特点，就是把党的优良传统与新时期、新形势、新任务的需要紧密、和谐地结合在一起，从他成长的轨迹中，可以清晰地看到这种时代特点。

第三章　孔繁森精神的历史定位

第一节　党员干部崇高理想的精神丰碑

人无精神不立，国无精神不强。精神是一个民族赖以长久生存的灵魂，唯有精神上达到一定的高度，这个民族才能在历史的洪流中屹立不倒、奋勇向前。中国共产党，一个拥有9900多万名党员的世界第一大执政党，如何带领中华民族从黑暗走向光明，从贫穷走向富强，取得革命、建设和改革的一个又一个伟大胜利，创造了人类社会发展史上惊天动地的奇迹？为何能始终走在时代前列、永葆青春活力？翻开百余年的党史，我们可以清晰地找到准确的答案。

一、精神丰碑的历史作用与社会价值

中国共产党在百余年坎坷而光辉的历程中，在带领中国人民艰苦奋战的同时，铸就了具有丰富时代内涵和民族特征的革命精神，在中华民族的历史上形成了不朽的精神丰碑。中国共产党人的精神丰碑，无一不能体现时代特征，符合社会发展规律，顺应历史潮流，指向中

国社会发展进步的方向,是代表中国最广大人民群众根本利益和引领人民奔向独立、自由、平等、幸福康庄大道的先进民族意识,是引领中国革命、建设和改革的精神旗帜,因而成为激励和鼓舞我们党为了共产主义理想目标矢志不渝、排除万难、奋斗不息的强大精神力量和从胜利走向胜利的制胜法宝。这是我们党的宝贵精神财富和丰富政治资源,是中国共产党和中国人民创造辉煌业绩的精神支柱。

首先,精神丰碑是激励中国人民克服艰难险阻的强大动力。

恩格斯说过,一个聪明的民族,从灾难和错误中学到的东西会比平时多得多。那些善于从磨难中总结教训、汲取智慧力量的民族,必将变得更加坚强。

回望历史,中华民族历经磨难、百折不挠,遇到的困难和挑战越大,凝聚力和战斗力就越强。在抗日战争时期,面对外来侵略者,无数中华儿女为赢得中华民族的独立与自由不惜抛头颅、洒热血。正如习近平总书记所说:"大江南北,长城内外,全体中华儿女冒着敌人的炮火共赴国难,无论是正面战场,还是敌后战场,千千万万爱国将士浴血奋战、视死如归,各界民众万众一心、同仇敌忾,奏响了一曲气壮山河的抗击日本侵略的英雄凯歌,用生命和鲜血谱写了一首感天动地的反抗外来侵略的壮丽史诗。"

井冈山斗争时期,以毛泽东同志为主要代表的中国共产党人身先士卒,不怕困难,不怕艰苦,带领井冈山军民自己动手挑粮、种菜、

第三章 孔繁森精神的历史定位

编草鞋、挖草药、熬硝盐、办军械厂，克服各种困难艰险，打破重重包围封锁，巩固和扩大了井冈山革命根据地。长征途中，面对敌人前堵后追的战争险象、军事失利的重大损失、雪山草地的饥寒交迫，红军依然斗志不减，昂扬向前，成为中国共产党人不怕苦、不怕难、不怕死的历史标志，成就了人类历史上的伟大奇迹。

新中国成立初期，中国共产党肩负建设新国家、新社会、新制度以及稳定国内形势的艰巨任务，开始了对社会主义建设道路的艰辛探索。在面对"大跃进"和自然灾害造成的严重经济困难时，全国人民同甘共苦、众志成城，迎难而上、共克时艰，在困难面前迸发出了革命意志不涣散、奋斗精神不懈怠的英雄气概和高昂斗志。

2008年骤然降临的汶川大地震更是巨大的考验。回想当时的情景，噩耗和哀思在华夏上空回荡。2020年暴发的新冠疫情，使得正在大踏步向前进的中国突然改变了节奏。然而，在灾难面前，中华儿女众志成城，万众一心，一方有难，八方支援，始终保持昂扬斗志，坚毅勇敢，自强不息。中华民族真正展现出空前的凝聚力、顽强的战斗力和强大的民族精神。

可以说，无论是中国共产党所走过的百余年壮阔历程，还是中华人民共和国70余载壮丽进程，都并非一帆风顺，而是在不断披荆斩棘、应对挑战中走过来、扛过来的。而我们的党、我们的人民、我们的民族之所以能够不断攻坚克难，正是由于党和人民具备勇于拼搏、敢于斗争、百折不挠、坚忍不拔的精神力量。

其次，精神丰碑是实现中华民族伟大复兴的现实需要。

一个国家、一个民族要想在历史长河中永葆生机、勇立潮头，必须具备改革创新、与时俱进的时代精神。

围绕探索中国现代化建设的道路，党的八大指出当时我国社会的主要矛盾是人民对于建立先进的工业国的要求同落后的农业国的现实之间的矛盾，人民对于经济文化迅速发展的需要同当前经济文化不能满足人民需要的状况之间的矛盾。这一主要矛盾的正确判断，决定了党和全国人民的主要任务，就是要集中力量发展生产力，推进国家工业化，逐步满足人民日益增长的物质文化需要。

党的十一届三中全会后，党和国家的基本路线转移到以经济建设为中心。以邓小平同志为主要代表的中国共产党人拉开了改革开放的序幕，重新确立了马克思主义的思想路线、政治路线和组织路线。由此，中国共产党人摆脱了"两个凡是"思想的束缚，开启了新一轮的中国特色社会主义实践与探索。全党在实践中坚持和发展马克思主义，形成了包括邓小平理论、"三个代表"重要思想、科学发展观等理论成果在内的中国特色社会主义理论体系；推进经济增长方式和发展方式的转变，使中华民族逐步走上了复兴之路。

党的十八大以来，以习近平同志为核心的党中央将全面建成小康社会纳入"四个全面"战略布局，并居于引领位置。党的十九大更是提出全面建成小康社会决胜期的奋斗目标,要求全党在两个一百年奋斗目标的历史交汇期,既全面建成小康社会、实现第一个百年奋斗目标,又乘势而上开启全面建设社会主义现代化国家新征程,向第二个百年奋斗目标进军。决胜全面建成小康社会,进而全面建成社会主义现代化强国的时代,也是全体中华儿女努力实现中华民族伟大复兴中国梦的时代,只有继续发扬与时俱进、改革创新的时代精神,我们的国家和民族才能不断进步、不断发展。

井冈山精神、长征精神、延安精神、航天精神……它们象征着中国共产党人的伟大形象,它们显示着中国共产党人各时代的不同风采,是中国共产党人高尚品质与精神的凝聚,是崇高理想追求的体现,也是中华民族最核心的民族精神的显现。这些精神铸成了一座不朽的精神丰碑,成为党和国家的宝贵遗产,展现出中国共产党人的坚强意志,体现出中国共产党人的责任担当,凝聚着中国共产党人的高尚品质,它们不会随着时代发展而落后,将时刻激励我们不忘初心,勇敢前行。

二、孔繁森精神是共产党人精神的丰碑

政声人去后,丰碑在民心。孔繁森精神缘何能够成为我们时代的最强音,这要从这一精神的形成说起。

★ 高原守护者：孔繁森

17岁的孔繁森光荣参军
（1961年）

孔繁森精神的形成不是偶然的，是崭新的社会主义事业造就的必然结果。从孔繁森伟大而光荣的50年人生足迹中我们可以看出，积跬步至千里，聚小溪成江河，伟大精神源于点滴积累，世界观的形成来自不懈的追求。深入挖掘孔繁森精神形成的主客观因素，不难得出如下共识。

首先，民族古风与共产主义思想的结合，形成了孔繁森独特的共产主义世界观。

孔繁森同志生于1944年，1961年参加人民解放军，1966年9月加入中国共产党。少年时代的孔繁森生活在贫困但民风淳朴的鲁西平原，祖祖辈辈同黄土地奋争，自懂事起，所接触的就是善良的人，所接受的也是传统的伦理道德教育，做人要讲诚信，"己所不欲，勿施于人"的儒家文化与父老乡亲为建设新中国所迸发的无限热情在孔繁森幼小的心灵里打下了深深的烙印。做人要不怕吃苦，舍得出力，力气是井泉水，父辈们的朴实言语使孔繁森奠定了纯朴的思想基础。鲁西这方宝地的哺育，使孔繁森身上自始至终延续着质朴的古风，无私奉献，不求回报，本分憨厚地同自然抗争。在他人生观、世界观即将形成的时候，人民解放军这所革命熔炉给他注入了向共产主义过渡的催化剂；雷锋精神的传播，向雷锋同志学习的滚滚春潮，使茁壮成长的孔繁森从中汲取到取之不尽的营养剂，奠定了他成为一名共产主义战士的基础。

孔繁森同志有坚定的理想信念，始终保持对马克思主义的科学信仰、对共产主义的必胜信念、对中国共产党和中国特色社会主义的由衷热爱。正如胡锦涛同志所描述的："孔繁森同志从青年时代起，就以雷锋同志为榜样，认真学习马列主义、毛泽东思想；入党后，他始终坚持共产主义的理想和信念；特别是走上领导岗位以后，他认真学习和实践邓小平同志建设有中国特色社会主义理论，自觉地锤炼自己。"他结合学习写了很多读书笔记。阅读这些笔记不难看出，他对马克思主义理论的学习，绝不是表面应付，而是学思用贯通、知信行统一。尤其难能可贵的是，他不尚空谈、真抓实干，挑战自我极限，全身心地投入西藏经济发展、民族团结与民生改善事业，彰显出的顾全大局、无私奉献的坚强党性，热爱人民、服务人民的公仆情怀，清正廉洁、克己奉公的高尚品德，开拓进取、求真务实的优良作风，艰苦奋斗、知难而进的拼搏精神，可以说是中国共产党人的精神谱系和红色基因的集中写照。由此可见，孔繁森早已将共产主义信念内化于心、外化于行，他所做的每一件平凡而伟大的举动，都源于坚定理想信念的指引与支撑，都以"为共产主义奋斗终身"为方向。

其次，传统文化的陶冶、全心全意为人民服务的宗旨造就了孔繁森。

　　作为一名共产党员，他像虔诚的信徒和苦行僧一样，执着地坚持着共产主义信念和全心全意为人民服务的理想，无怨无悔，持之以恒。他为人民而活着，为人民而奋斗，为人民而献身。在祖国和人民最需要的时候，他自发到最困难、最艰苦的地方去干事创业。孔繁森从部队到地方，从鲁西到阿里，踩出了一条闪光的人生轨迹。当有的人梦想所谓灯红酒绿的理想生活之路时，他却跨越万里关山走向艰苦的青藏高原；当有的人挖空心思奔走于个人的升迁之途时，他却埋头耕耘雪域边关；当有的人深陷金钱物欲的泥潭，甚至捞取人民的血汗去经营自己的安乐窝时，他却用自己的工资帮助那些困难的群众。为了群众，他献出了金钱、鲜血、健康乃至生命，穿着带补丁的内衣离开了他眷恋的土地和人民。

　　"老吾老以及人之老，幼吾幼以及人之幼"的古训充分体现在孔繁森的行动中，尤其两度援藏表现得更为突出。面对西藏阿里高原恶劣的自然环境、阿里人民生活的贫困，孔繁森感慨万千，从内心发出呐喊："西藏的老人就是我的老人，西藏的孩子就是我的孩子，西藏的土地就是我的家乡。"共产党人的责任感，为官一任、造福一方的使命感，艰苦奋斗、无私奉献的公仆情怀，令孔繁森坚定了信念。为加快阿里地区经济发展的步伐，他兢兢业业，忘我工作。

　　一个人如果对自己的父母都不愿尽孝道，那么他绝少会有善念善行。在聊城,凡熟悉孔繁森的人都知道他是一名孝子。正是由于孔繁森对父母的孝,才会有送医送药侍民若父母、卖血抚孤胜过亲骨肉、踏雪千里救灾置安危于不顾的善行。孔繁森设身处地想着人民,把他们的冷暖时刻挂在心上。这种公仆情怀伴随着他走完了不平凡的一生,也使他得到老百姓的爱戴与称颂。为纪念孔繁森而创作的歌曲《公仆赞》中写道:"你是公仆身上凝聚着民族魂,你是大树身后成长着大森林,孔繁森啊孔繁森,你是一团不息的火啊,光焰照后人。"在《泰山的儿子》(又名《歌颂孔繁森》)中写道:"他是泰山的儿子,也是雪山的儿子……他是世上最好最好的人啊,他将长久保佑雪域百姓的平安。他是世上最好最好的人啊,他将长久活在藏汉人民的心间。"正是这种公仆情怀,才使得孔繁森一生清正廉洁、艰苦奋斗。我们建设社会主义,需要各级干部都具备这种优秀品德,也只有为官的清正廉洁、艰苦奋斗,我们的社会主义事业才会兴旺发达。

最后,改革开放培育了孔繁森精神,这是时代发展的必然结果。

时代精神是在一个时代所体现出来的精神风貌和优良品格,是激励一个民族奋发图强、振兴祖国的强大精神动力,英雄楷模的出现往往离不开时代的支撑。孔繁森作为当代中国人民和共产党人的杰出代表,身上融合了他所经历的各个时代的时代精神,这是中国共产党人的宝贵财富。

伟大的社会主义事业,是促成孔繁森精神形成的前提。青少年时期,孔繁森选择去技工学校学习电工技术,立志毕业后要为家乡电气化贡献力量;在聊城工作期间,他服从组织安排和工作调整,在不同岗位上磨炼自己,为国家发展出一分力。改革开放后,孔繁森积极响应祖国号召,投身援藏工作,并系统学习了党的一系列科学理论,为实践奠定了坚实的思想基础。身处改革开放的伟大时代,面对自然条件恶劣的西藏,越是边远贫穷的地方,越要去拼搏、奋斗、付出。一个共产党员的历史责任感,加之固有的传统美德,使孔繁森与农牧民"同命运、共呼吸、心连心",由衷地发出誓言:为了西藏的发展"活着就干,死了就算"。平凡朴实的话语,落实在情操高尚的行动之中,体现了全心全意为人民服务的根本宗旨,反映了共产党人崇高的奉献精神和中华民族的传统美德。有中国特色社会主义理论体系做指导,在改革开放时代,孔繁森精神的形成是历史的必然,这当中不仅践行着社会主义建设时期的雷锋精神、焦裕禄精神和铁人精神,还承载着改革开放初期的女排精神和拓荒牛精神。

孔繁森精神永远与时代的主旋律同频,孔繁森精神与西藏各族干部的奉献精神永远融会在一起。孔繁森用真挚的爱民之情、赤诚的为民之心、强烈的富民之愿,谱写了最朴素的共同价值和人文情怀,这使得孔繁森在新的历史时期放射出更加夺目的光彩,激励着一代代共产党人。处在中国特色社会主义新时代,朝着民族复兴的伟大梦想前进,更加需要奉献精神、牺牲精神和艰苦奋斗的精神,更加需要党员领导干部模范发扬这种精神,把孔繁森精神不断发扬光大,在实现中华民族伟大复兴中国梦的征途中披荆斩棘,引领航向。

三、"为民书记"郑培民

2002年度"感动中国"人物、被人们亲切地称为"为民书记"的郑培民,他的先进事迹就充分说明了这一点。自1983年6月起,郑培民先后任中共湘潭市委副书记、书记,中共湘西土家族苗族自治州党委书记,湖南省人民政府副省长,中共湖南省委副书记,湖南省人大常委会副主任。在担任领导职务的近20年里,他始终把"做官先做人,万事民为先"作为自己的行为准则,廉洁从政,艰苦奋斗,尽职尽责,鞠躬尽瘁,真心诚意地为人民谋利益,以自己的模范行为和崇高品德,赢得了广大群众的衷心赞誉,体现了当代共产党人的精神风貌。2002年3月11日,因突发心肌梗死病逝。在"伟大的变革——庆祝改革开放40周年大型展览"的展厅里,郑培民作为中国共产党的优秀党员,被列入改革开放40年"榜样的力量"。他的名字,被以这样庄严的方式所铭记。

1990年5月,湘潭市委书记郑培民被调往湘西土家族苗族自治州,出任州委书记。湘"潭"和湘"西",一字之差,在当时却是天壤之别。湘西,是全国著名的少数民族贫困山区。去湘西工作,是只有硬肩膀才能挑起来的重担子。郑培民接过前任的接力棒，为湘西百姓脱贫鞠躬尽瘁。"做官先做人，万事民为先。"这句话发自郑培民的内心，更见之于郑培民的行动。1998年，惊涛骇浪挑战常德。时任省委副书记的郑培民，在安乡指挥了三大战役：赶在洪水扑到之前，抢修了一条11公里的隔堤，保住了安乡县城；指挥堵塞书院洲溃口，扼住了洪水之喉；指挥了一场惊心动魄的北大堤保卫战，拒千里洪峰于湖南重镇常德市之外……伴着堤外滚滚洪水，郑培民坐在堤边，吃着盒饭，静静地度过了自己的55岁生日。2002年，郑培民被抽调到中央工作，突然旧病复发。就在急送医院的途中，遇到红灯。司机准备闯关，郑培民艰难地抬起头说："不要闯红灯。"几乎用尽全身力气说完这句话后不久，他的头无力地靠在秘书身上，再也没有醒来。一句普通的话语，竟成了对人世的永别。"春风大雅能容物，秋水文章不染尘。"一位身边工作人员，曾为郑培民的为官为人做过这样的总结。

比起普通百姓，领导干部会更多地面对诱惑和考验，固守操守，承受考验，比常人更难。集邮，可说是郑培民唯一的爱好。就是这个爱好，他也绝对保密，生怕有人投其所好。无论是调离湘潭还是调离湘西，郑培民总是选在早晨未上班之时悄悄离去。他不想惊扰大家，也怕可能送来的人情礼。在湘西土家族苗族自治州工作时，郑培民的一段日记中这样写道："这次回湘潭度春节，我谢绝了办公室派车送我的盛情，同时谢绝了办公室要为我报销路费的好意。坚持自费返家，往返火车票近80元，自己掏腰包。有人讲我太板，我想，宁肯自己吃亏，对自己严格要求，是一个共产党员，特别是领导干部应当自觉做到的。"

"对待身外之物，要铁石心肠。"郑培民写得清楚，更做得明白。1988年6月，老同学季德钧来湘潭出差，郑培民接他到家做客。那是一间陋室，房子中间放了一张湖南人居家常用的竹床。季德钧回忆时感慨："整个家居之简朴清贫，不用说当今，就是在当年的同级干部中也是不多见的。"郑培民生前，妻子杨力求的工作单位只变动过一次，就是从湘潭市新华书店调到了省新华书店，职务仍是一名普通职工。妻子敬重郑培民的为人，更注重维护丈夫的形象。杨力求有个"三不"原则：不帮人向郑培民带任何信，不传口信，不接受任何礼品。儿子郑海龙说："在廉政问题上，爸爸把前门，妈妈守后门。"

上善若水。郑培民的生前身后，都透明如水，经得起任何考验。

★ 高原守护者：孔繁森

第二节　党员干部为民担当的光辉典范

民为国家之根本。爱民重民是中华文化的优良传统，是中国道德文化的重要组成部分。为民担当，是党员干部必备的政治素质，是以人民为中心的发展理念，是共产党坚持立党为公、执政为民的根本。党员干部做到为民担当，是一种精神气质，更是一种政治责任。

一、为民担当才能赢得人民

中国共产党为民而生、因民而兴，自诞生之日起就把全心全意为人民服务作为根本宗旨，把为中国人民谋幸福、为中华民族谋复兴作为自己的初心和使命。回顾中国共产党百余年的发展历史，其实就是一部为了人民利益而流血、牺牲、奋斗的历史。1944年，毛泽东同志在张思德的追悼会上发表了《为人民服务》的演讲，他说："我们为人民而死，就是死得其所。"[1]这明确回答了中国共产党人为谁担当的

---

[1] 《毛泽东选集》（第3卷），人民出版社1991年版，第1005页。

问题。在党的七大上,毛泽东同志指出:"一切从人民的利益出发,而不是从个人或小集团的利益出发;向人民负责和向党的领导机关负责的一致性;这些就是我们的出发点。"①习近平总书记指出:"我们的目标很宏伟,但也很朴素,归根结底就是让全体中国人都过上更好的日子。"正是因为时刻将人民群众放在首位,我们党才能够赢得人民群众的衷心拥护和坚定支持,我们的各项事业才能无往而不胜。

为民担当要心为民所系。马克思恩格斯指出:"历史活动是群众的事业,随着历史活动的深入,必将是群众队伍的扩大。"②人民群众是国家物质财富和精神财富的创造者,是党和国家的主人。党的十八大以来,习近平总书记多次强调要坚持以人民为中心,始终坚持人民至上的理念。习近平总书记指出:"干部要把人民放在心中最高位置。同人民风雨同舟、血脉相通、生死与共,是我们党战胜一切困难和风险的根本保证。离开了人民,我们就会一事无成。"无论是国家的富强、民族的振兴还是人民的幸福,最终都要靠广大人民群众来创造。为民担当就是要在工作中依靠群众力量,把人民群众当作主人,尊重人民群众主体地位;必须坚持与人民群众心连心,始终把人民群众的安危冷暖挂在心上,倾听群众呼声,关心群众疾苦,切实帮助群众解决实际困难,做到绝不脱离群众。

---

① 中共中央文献研究室编:《毛泽东思想年编》,中央文献出版社2011年版,第416页。
② 《马克思恩格斯全集》(第2卷),人民出版社1995年版,第104页。

雷锋的工作岗位平凡，做的事情平凡，但他为人民服务的精神不平凡，他认为"人的生命是有限的，可是为人民服务是无限的，我要把有限的生命，投入到无限的为人民服务之中去"。兰考县委书记焦裕禄任职期间，始终心系群众，无论多忙，总是坚持与群众一起劳动，保持劳动人民本色；在风雪来临之际，挨家挨户走访慰问，与百姓同甘共苦。他怀揣着一颗爱民之心，不顾自己羸弱的身躯，顶风冒雨看望老人；在一家老小尚未温饱的情况下，把钱赠给更需要帮助的贫苦百姓。在这些共产党人的心中，时刻牵挂着群众，考虑着群众的利益。共产党人的每个举动，老百姓都看在眼里，也记在心里。党员干部只有想群众之所想、急群众之所急，贯彻落实一切为了群众、一切依靠群众的路线，才能切实保证人民群众的主体地位，真正为民担当。

为民担当要权为民所用。中国共产党在革命、建设、改革的各个时期，之所以得到人民群众的衷心拥护，就是因为党的工作是从解决群众具体的生活问题出发的，是真正代表群众的利益、真心实意为人民谋利益的。党的十九大报告提出："坚持以人民为中心。人民是历史的创造者，是决定党和国家前途命运的根本力量。必须坚持人民主体地位，坚持立党为公、执政为民，践行全心全意为人民服务的根本宗旨，把党的群众路线贯彻到治国理政全部活动之中，把人民对美好生活的向往作为奋斗目标，依靠人民创造历史伟业。"人心向背关系着党的生死存亡，人民群众的评价是评判党的工作的根本标准。为民担当，本质上是要求党员干部树立正确的权力意识。

从历史发展的角度来看，中国共产党执政是历史和人民的选择，共产党的发展壮大离不开人民的支持和信赖；从我国现状来看，当前我国各项事业面临的任务艰巨、形势复杂，我们党要在建设伟大事业、应对巨大挑战中更有力地发挥领导核心作用，最根本的是要保持党的先进性与纯洁性。党员干部需要明白手中权力是党和人民赋予的，对权力多一份敬畏之心，确保权力的运用体现人民的意志和愿望，要按规则、按制度行使权力，自觉接受法律监督、党内监督、行政监督、舆论监督和群众监督，真正把权力关进制度的笼子里，让权力在阳光下运行。

为民担当要利为民所谋。在履职尽责的实践中，党员领导干部应当把实现好、维护好、发展好最广大人民的根本利益作为一切工作的出发点和落脚点，把群众的小事当作自己的大事，着力解决群众关心的身边事，为人民办实事，造福于民，始终密切同人民群众的血肉联系。在这方面，习近平总书记为广大党员干部树立了良好的榜样。30多年前，习近平同志在宁德主政时，就提出"以百姓之心为心"，强调"密切联系人民群众是干部的基本功"，身体力行、大力倡导开展包括"调查研究下基层"在内的"四下基层"活动，成为干部做好群众工作的重要抓手、党委政府有效服务群众的桥梁纽带，成为推动

★ 高原守护者：孔繁森

宁德这个欠发达地区科学发展、加快发展、后来居上的强劲动力。

习近平总书记强调："始终坚持全心全意为人民服务的根本宗旨，是我们党始终得到人民拥护和爱戴的根本原因。"①回顾历史，党自成立之日起，就带领全国各族人民携手共进，使中国从农业大国变为工业大国，人民生活质量显著提高，经济实力快速增长。我们党之所以能够成就今天的伟业，就是因为有无数敢于担当的党员干部，他们全心全意为人民服务，把人民对美好生活的向往作为自己的奋斗目标，自觉在党的领导下坚守岗位，担当使命，与人民同呼吸、共命运。如今，中国特色社会主义进入新时代，党员干部必须始终坚持以人民为中心的发展思想，紧紧依靠人民、不断造福人民，把人民群众对美好生活的向往作为奋斗目标，才能战胜一切艰难险阻，开辟光明未来。

二、孔繁森精神是为民担当的典范

"远征西涯整十年，苦乐桑梓在高原。只为万家能团圆，九天云外有青山。"这是孔繁森生前留下的诗篇，生动概括了他在高原的工作状态：在藏十年，由援藏到调藏，他为西藏的发展呕心沥血、倾尽所有。他已经去世20多年，但他留下的那句话——"一个

---

① 中共中央文献研究室编：《十七大以来重要文献选编》（下），中央文献出版社2013年版，第1025页。

第三章 孔繁森精神的历史定位

共产党员爱的最高境界是爱人民",已经成为党员领导干部共同的精神财富。

身为领导干部,他扎根基层、心系群众、为民担当。1979年,为了支援西藏建设,中央决定从内地抽调一批干部到西藏工作。当时西藏条件十分艰苦,生长在平原地区的人,到高原后,身体严重不适应,而且西藏地区经济还不发达,生活条件与内地相比差距较大,到西藏去,接触的是藏族群众,语言、习惯都与内地不同,工作难度很大。面对这种情况,许多平时表现很好的干部退缩了。但时任聊城地委宣传部副部长的孔繁森却主动报名,要求赴西藏工作。为了表达自己坚定不移的决心,他还请人写了"是七尺男儿生能舍己,作千秋鬼雄死不还乡"的条幅,一是鼓励自己,二是表达自己的诚心。其实,当时孔繁森的亲属都在农村,母亲已年近八旬,妻子王庆芝体弱多病,3个孩子最大的8岁,最小的只有2岁,生活非常艰难。然而在这种情况下,孔繁森考虑更多的是祖国和人民的需要,不顾个人困苦,欣然前往。

孔繁森全家福
(1979年)

内地干部到西藏后,由西藏自治区党委组织部门根据情况进行分配。孔繁森进藏工作,西藏自治区党委原本是把他作为日喀则地委宣传部副部长选调的。孔繁森到西藏报到后,区党委见他比较年轻,又有一种自我锻炼的真诚愿望,便决定改派他到海拔4700多米的条件艰苦的岗巴县担任县委副书记。他第二天就动身去岗巴了。在岗巴工作的3年间,他跑遍了全县的乡村、牧区,访贫问苦,和当地群众一起收割、打场,干农活、修水利。他走到哪里,就干到哪里,关心群众到哪里,藏族干部群众一提起他的名字,都竖起大拇指。

第二次进藏后,孔繁森任拉萨市副市长,分管文教、卫生和民政工作。为了发展当地教育事业,他跑遍了全市8个县区所有公办学校和一半以上的乡、村办小学,使拉萨的适龄儿童入学率从45%提高到80%。全市56家敬老院和社会福利院,他走访过48个,给孤寡老人送去了党和政府的温暖。因西藏偏远地区医疗卫生条件较差,他每次下乡时都特地带一个医药箱,买上数百元的常用药,送给急需的农牧民。一个医药箱虽然解决不了所有问题,但对接受治疗的患者来说,

孔繁森到敬老院看望老人们
(1992年)

往往性命攸关。孔繁森同志所到之处，凡见到群众有困难就想尽办法去帮助解决，真正做到了急群众之所急，想群众之所想，解群众之所难。他身上洋溢的是对人民群众的深厚情感，体现的是服务群众的奉献精神。

孔繁森在西藏自费购买药品为农牧民看病
（1992年）

在他心里，百姓的事、公家的事比自己的事重要。他的女儿出嫁，为了等他回家三次推迟婚期，还是没有等到；但下属结婚，他却忙前忙后，从购买牙刷牙膏到被子被套添置，再到让女儿为人家新房剪出大大的"喜"字，可谓事必躬亲。雪域高原艰苦的条件，加上过度劳累，他疾病不时复发，鲜血常常浸透内裤，但他咬紧牙关不告诉任何人，如常工作。孔繁森把工资中的相当大一部分用于帮助有困难的群众，平时根本就没有攒下几个钱。他给群众买药，扶贫济困时出手大方，少则百十元，多则上千元。然而，他因车祸牺牲后，身上的现金只有8元6角。

孔繁森是个孝子，但在人民和母亲都需要他的时候，他毅然选择了赴藏的艰难征途；孔繁森是个好丈夫、好父亲，他深爱着妻子儿女，但当高原藏胞更需要干部、更需要帮助时，他忍痛割舍了亲情。妻子上赡养老母、下养育3个孩子，精神和物质上都不堪重负，孔繁森却把有限的工资用到更困难的藏族同胞身上。他为了工作，为了人民群众，置个人和家庭于不顾，达到了忘我的境界。

孔繁森自甘清贫、保民安宁，在人民需要的时候，他挺身而出，将一腔热血甚至生命，奉献给了藏区人民。他为人民而活着，为人民而奋斗，为人民而献身。在他的努力下，朗久地热电站改造工程顺利完工发电，梳绒厂、鱼骨粉加工厂、水泥厂相继建起。他曾在日记中写道：阿里的贫穷是我们的耻辱，带领群众致富是我们的天职。他生命的最后十天，还在为阿里的发展而奔波，办成了十件大事。就在牺牲的头天晚上，他还写下了《阿里亟待解决的十二个问题》，成为留在雪域高原的绝笔。在孔繁森的葬礼上，悬挂着一副挽联，形象地概括了孔繁森的一生，也道出了藏族人民对他的怀念："一尘不染，两袖清风，视名利安危淡似狮泉河水；两离桑梓，独恋雪域，置民族团结重如冈底斯山。"

孔繁森同志一生深深扎根于人民群众，他用担当印证着对党的忠贞，用担当支撑着对事业的追求，用担当给党旗添辉增彩。党员干部应时刻将孔繁森精神铭记在心，怀揣勤政为民的公仆情怀，聚焦事关群众切身利益的问题，真正为群众办好事、做实事，在担当与奉献中升华人生价值。

第三节　党员干部高尚情操的道德楷模

"以人为镜，可以明得失"，榜样不仅是一面镜子，也是一面旗帜，它指导着我们向着熠熠生辉的目标不断拼搏，引领着我们仰望星空和璀璨的苍穹。榜样指引我们乘风破浪、勇往直前，让我们攻坚克难、共创辉煌。一个人、一个故事、一段话语，看似平凡简单，却能点燃许多人心中的激情与梦想，这就是榜样的力量。这力量是无穷的，如一缕阳光照耀大地，像一泓清泉滋润心田。

一、榜样的力量穿越时空

"见贤齐，见不贤而嫉；慕义崇德，不进则退。"榜样是时代发展和社会进步的需要，是光大社会良好风尚的助推器。革命战争年代的董存瑞、黄继光、刘胡兰，和平建设时期的雷锋、王进喜、焦裕禄、孔繁森，他们的先进事迹影响了几代人。我们从榜样身上汲取力量，就是要学习他们信念坚定、对党忠诚的政治品格，学习他们爱岗敬业、敢于担当的工作作风，学习他们牢记宗旨、一心为民的公仆情怀。

从榜样身上汲取力量就要学习他们信念坚定、对党忠诚的政治品格。正如自称80后的中国人民大学一级教授陈先达老人所说："只有'信马'，才能真正'姓马'！"长期以来，各个时期的榜样始终默默坚守着自己的理想和信仰，忠实履行着党和人民赋予的神圣职责，不辱历史使命，不负人民重托，他们不愧为优秀的共产党员。今天，我们向榜样学习，就是要像他们那样坚定对实现"两个一百年"奋斗目标和中华民族伟大复兴的信心，坚定中国特色社会主义道路自信、理论自信、制度自信和文化自信，坚定"主心骨"，筑牢"压舱石"，始终坚定政治方向、站稳政治立场、增强政治定力、严守政治纪律，始终在思想上、政治上、行动上同以习近平同志为核心的党中央保持高度一致，坚定不移地做中国特色社会主义事业的建设者和捍卫者。

从榜样身上汲取力量就要学习他们爱岗敬业、敢于担当的工作作风。爱岗敬业是做好一切工作的前提，敢于担当是做好任何工作的保障。共产党员尤其要爱岗敬业，尤其要敢于担当。扎根社区20余年、带领社区党员将"老旧散弃"小区建成全国有名的幸福社区的吴亚琴说："上管天、下管地、中间管空气，从出生到老去，没有咱不管的。"无论是革命战争年代还是和平建设时期，这样的榜样始终把职

第三章 孔繁森精神的历史定位

业当事业，无论条件多么艰苦、任务多么繁重，都兢兢业业、任劳任怨，勇于负责、敢于担当，以踏石留印、抓铁有痕的实干精神，为党的事业奉献自己的聪明才智甚至生命。向榜样学习，就是要像他们那样，以党和人民的事

孔繁森在阿里地区改则县与农牧民合影
（1994年）

业为重，始终保持强烈的事业心和责任感，始终保持顽强奋斗、积极进取的昂扬斗志，把个人价值追求自觉融入党的需要中、体现在平凡的岗位上，并努力创造出无愧于历史、无愧于时代、无愧于人民的工作业绩。

从榜样身上汲取力量就要学习他们牢记宗旨、一心为民的公仆情怀。党的根基在人民、血脉在人民、力量在人民。人民立场是我们党的根本立场。榜样们始终把群众装在心里，把群众当亲人，把群众的小事当作自己的大事，把群众的困难当成自己的困难。正如"全国优秀共产党员"廖俊波那样，始终保持"赚钱的事让你们干，不赚钱的事让我们来"的理念和"能在现场就不在会场"的行事作风，以实际

★ 高原守护者：孔繁森

行动践行着全心全意为人民服务的宗旨。向榜样学习，就是要像他们那样，牢固树立群众观点、切实站稳群众立场，不断增进对人民群众的深厚感情，密切与人民群众的血肉联系，始终把人民满意不满意、答应不答应作为衡量和检验工作的根本标准，从点滴做起、从小事做起，千方百计地为群众做好事、办实事、解难事，以实际行动向人民群众传递党的温暖，为党的事业建立最广泛最可靠最牢固的群众基础。

曾与孔繁森同期在阿里工作的援藏干部柴腾虎，在纪念孔繁森逝世20周年之际撰文回忆，每当想起孔繁森书记的时候，一件件往事历历在目。他严于律己、光明磊落，始终保持勤俭节约、艰苦奋斗的共产党员的本色，几十年如一日，时时刻刻以身垂范；他以执政为民、立党为公的生命绝唱，赢得全国人民最深沉的爱和拥戴；他那种全心全意为人民服务的忘我精神，那种理论联系实际，不说空话，说到做到，襟怀坦白的品德，那种平易近人，与人民群众打成一片的作风，是我们永远学习的楷模和榜样。

孔繁森（左）与柴腾虎（右）合影
（1994年）

榜样就是旗帜，代表着方向；榜样就是磁石，凝聚着力量。在学习榜样、从榜样身上汲取献身使命精神的过程中，喊破嗓子不如甩开膀子、干出样子。全体党员尤其是各级领导干部和教育工作者，更应以自身的言行和人格魅力喊响"看我的、跟我来"，以此影响、带动身边人在勠力同心实现中华民族伟大复兴中国梦的历史进程中，响亮回答"中国共产党为什么行"的问题，充分展示新时代共产党人的榜样风采。

二、孔繁森精神是对榜样力量的生动诠释

孔繁森同志是"新时期的雷锋"、"九十年代的焦裕禄"、共产党员和领导干部的杰出代表；代表着共产党员的崇高形象，是好党员、好干部。他热爱人民、无私奉献，奋发向上、拼搏进取。孔繁森是革命理论武装起来的先锋战士，是自觉贯彻执行党的基本路线的优秀领导干部，是全心全意为人民服务的人民公仆，是继承党的优良传统，艰苦奋斗、清正廉洁的标兵，是不断增强党性锻炼，言行一致、自觉遵守纪律的模范党员。孔繁森的一生，时时处处为人民，为党员领导干部做出了表率。

顾全大局，一生交给组织。只要党和国家的事业需要他，哪怕有再多的后顾之忧，有再多的对老母亲、家人和故乡的不舍，孔繁森都

义无反顾,坚决服从组织的安排。其实,每当面临组织安排与家庭需要这个两难抉择的时候,孔繁森不是没有充分的理由选择家庭,并且家庭重负是千真万确地摆在那里,只要他不向组织隐瞒,如实汇报即可。但孔繁森总是把党、国家和人民的需要看得更重一些,在"大家"与"小家"的天平上,他总是自然而然地倾向于为生民立命,为家国担当。孔繁森同志1979年以聊城地委宣传部副部长身份欣然赴藏,他并非不知道西藏生活艰苦,并非不知道远离家乡和亲人意味着什么。但他更清楚地知道,这是祖国和人民的需要,这是党的召唤。从踏上西藏高原那天起,他就暗下决心把自己的一切献给这块神圣的土地,留下了"青山处处埋忠骨,一腔热血洒高原"的豪言壮语。

在他第二次援藏期满,在各个层面、各个方面都已经做好了调回山东任职之际,阿里地区主要领导职务的调整本就是一项临时的、偶然的安排,他完全可以婉拒。孔繁森是党的领导干部,但他同时也是一个有着七情六欲的常人。已经离开许久的故土,已经长久没有尽孝的年迈的母亲,早已体弱多病却艰难支撑着家庭的爱妻,已经亏欠了太多父爱的儿女……当面对组织的召唤、阿里人民的呼唤时,孔繁森何尝不是纠结得肝肠寸断,无论做出怎样的选择,他都觉得亏欠和内疚……然而,这一次,他一如既往,选择了服从组织安排,他把对故土、亲人的思念与亏欠又一次化作爱民报国的责任与担当。

孔繁森同志始终讲政治、顾大局,哪里需要他,他就去哪里;哪里最艰苦,他就在哪里。孔繁森经历多次工作调动,每一次他都把党和人民的需要作为自己的唯一选择。他说过:"我是党的干部,服从组织安排""我们共产党员无论在哪里工作都是党的干部。越是边远贫穷的地

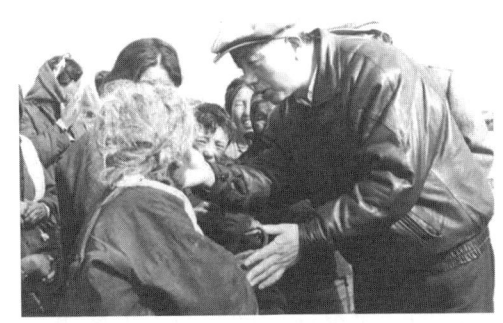

孔繁森奉调回山东,
藏族同胞依依不舍含泪送行(1981年)

方,越需要我们为之去拼搏、奋斗、付出,否则,就有愧于党,有愧于群众。"

1994年初,连续在灾区奔波劳累16个昼夜后孔繁森病倒了,这已是他在西藏工作10年中第三次与死亡做斗争,虽然他的身体已羸弱不堪,但靠着不能倒下的顽强意志,他再次投身与雪灾的抗争中。然而,不幸最终还是到来了。11月29日,孔繁森同志在去新疆塔城考察边贸途中发生车祸,以身殉职,时年50岁。在他生命的最后一刻,还在为了西藏的发展而奔波……在孔繁森的身上,我们看到了一名共产党员对党的事业的忠诚,看到了他坚定的政治信仰,他是一名真正无愧于党、无愧于人民的共产党员。

无私忘我,心中装着人民。"心在人民原无论大事小事,利归天下何必争多得少得",这就是孔繁森同志做人的准则和为官的座右

铭。他两度援藏,十载春秋,怀着国运系心、重责在身的使命感,心中始终装着党,装着人民,表现出了"老吾老以及人之老,幼吾幼以及人之幼"的大爱情怀。多年来,他的那句"西藏的老人就是我的老人,西藏的孩子就是我的孩子"一直是人民心中涌动的一股暖流,一直启迪和影响着各级各类党员领导干部。

他身体力行,抚养三个藏族孤儿,将对藏族孤苦老人的关爱视同尽孝于自己的母亲。在藏工作期间,他到处访贫问苦,对贫苦百姓经常倾囊相助;他宁愿自己受冻,也要脱下仅有的毛棉衣裤送给受冻的老阿妈,并且还让妻子献出衣物,救助贫苦百姓;他的女儿上学交不起学费,他却把钱给了困难群众;在阿里查布村小学调查研究时,他看到年纪只有十几岁的乡村女老师嘎珍在简陋的教室里教课,听课的孩子们穿得也不多,而天气却十分寒冷,要当地干部立即解决教室取暖问题。在和老师们谈话时得知他们已经有几个月没领到工资了,就把自己随身携带的钱全部拿出来给他们,回到地委后,又让勤务员把自己的工资给他们送去。

凡此种种,看似细碎、平常的小事,却充沛着人民公仆的磅礴大气,镌刻着共产党人情为民所系的初心。他在日记中写道:"为政之要在于安民,安民之道在于察其疾苦。古人言之有理,我等既为'父母官',不为民解忧,何以言公仆!"孔繁森长期在西藏工作,把人民群众当作自己的家人,舍小家为大家。曾在孔繁森身边负责警卫工

第三章 孔繁森精神的历史定位

作的梁福兴回忆说:"孔书记家里当时其实挺困难的,他爱人身体不好,而家里几个孩子的年龄还小,特别是孔玲,当时还是个十五六岁的孩子,特别思念爸爸而又理解不了爸爸,父女俩有时候在电话里还会吵几句。其实孔书记特别关心自己的家庭和几个孩子,一直觉得因为工作的原因顾不上家而对不住几个孩子和爱人。"他不是无情之人,也思念家人,渴望团聚。但在祖国和人民需要他的时候,他将这份对亲人的情感扩大到了每个藏族同胞身上。

忧国忧民,夙夜在公。"些小吾曹州县吏,一枝一叶总关情""先天下之忧而忧,后天下之乐而乐",郑板桥的传世名诗和范仲淹的千古名训,在党员干部的典范孔繁森身上得到了良好的诠释。孔繁森短短50载人生,两离桑梓地,三段雪域情,他足迹遍及岗巴、拉萨和阿里,留给世人的不是表面轰轰烈烈的"面子工程""形象工程""政绩工程",而是在西藏人民心里、在组织心里抹不去的丰功伟业。身为党的领导干部,哪里有危险,哪里有贫困,哪里有需要,他便出现在哪里。阿里地处西藏西北部,平均海拔4500米。这里地广人稀,常年气

孔繁森在阿里实地考察,寻找帮助群众脱贫致富的路子(1993年)

温在零摄氏度以下,最低温度达零下40多摄氏度,每年7级至8级大风占140天以上。在这样艰苦的条件下,为了进一步摸清情况,孔繁森一个县、一个区、一个乡地跑,从南方的边境口岸到藏北大草原,从班公湖到喜马拉雅山谷地,全地区106个乡跑了98个,行程8万多公里;为了结束尼木县续迈等3个乡群众易患大骨节病的历史,他几次爬到海拔近5000米的山顶水源处采集水样,帮助群众解决饮水问题。

孔繁森下乡时,身边围满了等待看病的群众
(1988年)

在他的带领下,一幅全面振兴阿里经济的宏伟蓝图在雪域高原上成为现实:地热电厂重新发电,高原的夜晚不再漆黑,明亮的灯光同天上的星星交相辉映;山羊绒梳绒厂等相继在空旷的荒原上拔地而起,隆隆的机器轰鸣声打破了千年的沉寂;随着普兰、什布奇口岸的开通,阿里高原向世界敞开了开放的大门……在他的带领下,岗巴人民看到了摆脱贫困的曙光,拉萨的文教、卫生和民政事业呈现崭新面貌，阿里的经济社会和民生得到了全面改善。孔繁森曾有《红柳赞》一诗自况："无垠戈壁绿一丛，历尽沧桑骨殷红，只因根生大漠下，敢笑翠柏与青松。"孔繁森同志用实际行动体现了在新的历史条件下党员领导干部为党和人民事业艰苦奋斗的理想追求和精神风貌，激励着我们不断奋勇前进。

清廉高洁，本色永驻。方志敏烈士在《可爱的中国》里写道："清贫，洁白朴素的生活，正是我们革命者能够战胜许多困难的地方！"孔繁森的一生清廉、朴素，但他对敬老扶幼济贫十分慷慨。藏区的收入不高，但由于当地物资短缺，物价却奇高。来阿里赴任前本就生活比较拮据的孔繁森，到了阿里其经济更是常常面临困难，身为地委书记，自己的收入不但无法支持家里的生活，而且由于他经常济难助困，连自己的生活都"青黄不接"，偶尔要向亲友借钱，从山东家里拿钱。即便如此，孔繁森从来都是公私分明，始终保持着纯洁的党员本色。孔繁森同志淡泊名利，视金钱如粪土，人们在料理他的后事时，发现两件遗物：一是他仅有的8元6角，二是他去世前4天写的关于发展阿里经济的12条建议。这就是孔繁森留下的遗产，充分展示了他清廉的本色。孔繁森同志是贫穷的，也是富有的，他的身上具备宝贵的精神财富，与钱财无关，却使无数金银珠宝黯然失色。

三、孔繁森是敦厚家风、言传身教的典型

习近平总书记说:"家庭是社会的基本细胞,是人生的第一所学校。不论时代发生多大变化,不论生活格局发生多大变化,我们都要重视家庭建设,注重家庭、注重家教、注重家风"。家是最小国,国是千万家。家风的"家",是家庭的"家",也是国家的"家"。家庭是社会的细胞。"家风好,就能家道兴盛、和顺美满;家风差,难免殃及子孙、贻害社会。"对领导干部而言,败坏的家风,往往成为导致其自身和亲属、特定关系人走向牢狱的催化剂。在中纪委六次全会上,习近平总书记毫不留情地指出,不少领导干部"纵容家属在幕后收钱敛财,子女等也利用父母影响经商谋利、大发不义之财"。

家风坏是腐败之因。综观已经查处的有关领导干部腐败堕落的大案要案,很多腐败分子的违纪违法行为中,往往有"家族腐败"因素。父子兵、夫妻档、兄弟帮、情侣派屡见不鲜,甚至"全家总动员",把公权力变成"私人订制",最终一起走上不归路。根据中央

孔繁森在拉萨河畔与
藏族青年教师一家亲切交谈(1990年9月)

第三章 孔繁森精神的历史定位

纪委监察部网站公布的数据,仅2015年2月13日至12月31日,中央纪委共发布34份部级及以上领导干部纪律处分通报,其中有21人违纪涉及亲属、家属,比例高达62%。家风坏,腐败现。"家风败坏往往是领导干部走向严重违纪违法的重要原因。"习近平总书记的这句话,直指要害。"党员领导干部务必珍惜权力、管好权力、慎用权力。正确行使权力,掌权为公、用权为民则群众喜、个人荣、事业兴;错误行使权力,甚至滥用权力,掌权为己、用权于私,则群众怨、声名败、事业损。"可惜可叹的是,很多领导干部为这段话做了反面的注脚。

国风之本在家风。"天下之本在国,国之本在家,家之本在身。"对领导干部来说,家风关系的不仅是一身之进退、一家之荣辱,更关系到党风、政风、国风。"一心可以丧邦,一心可以兴邦,只在公私之间尔。"习近平总书记对焦裕禄之子焦国庆说:"你看了一场'白戏',你父亲还专门召开了家庭会议,起草了《干部十不准》,规定任何干部在任何时候都不能搞特殊化。'看白戏'的故事始终深深地印在我的脑海里。"2016年1月的中纪委六次全会上,习近平总书记语重心长地叮嘱,家里那点事"要留留神,防微杜渐,不要护犊子"。否则,"触犯了党纪国法都要处理,而且要从严处理"。2015年2月27日,习近平总书记主持召开中央全面深化改革领导小组第十次会议,审议通过《上海市开展进一步规范领导干部配偶、子女及其配偶经商办企业管理工作的意见》，要求对领导干部的家庭建设情况定期检查。

2016年起开始实施的《中国共产党廉洁自律准则》第八条要求，党员领导干部要"廉洁齐家，自觉带头树立良好家风"。党的十八届六中全会审议通过的《关于新形势下党内政治生活的若干准则》中要求："领导干部特别是高级干部必须注重家庭、家教、家风，教育管理好亲属和身边工作人员。""禁止利用职权或影响力为家属亲友谋求特殊照顾，禁止领导干部家属亲友插手领导干部职权范围内的工作、插手人事安排。"《中国共产党党内监督条例》第十四条规定：中央政治局委员要"带头树立良好家风，加强对亲属和身边工作人员的教育和约束，严格要求配偶、子女及其配偶不得违规经商办企业，不得违规任职、兼职取酬"。党中央和习近平总书记如此重视家风问题，是因为家庭是"国家发展、民族进步、社会和谐的重要基点"，"千家万户都好，国家才能好，民族才能好"。

"小家"紧系"大家"。党的十八大以来，习近平总书记多次强调家风，说的是"小家"，着眼的是"大家"。2014年3月，习近平总书记重访兰考时会见了焦裕禄的5个子女。二女儿焦守云对习近平总书记说："我们一定继承好父亲的精神，把家教家风一代代地保持传承下去。"习近平总书记听后，一边点头一边说："好家风，好家风。"2016年12月12日，习近平总书记在会见第一届全国文明家庭代表时，盛赞代表们的事迹"温暖了人心，诠释了文明，传播了正能量，

第三章　孔繁森精神的历史定位

为全社会树立了榜样",充满感情地"点赞"他们"都是好样的"!

孔繁森的家风家教敦厚朴实,重视对家人的言传身教。孔繁森出生在山东聊城一个贫苦的家庭,按照祖先留下的家谱,他应该是中国古代大思想家孔子的

孔繁森与家人的最后一张合影
（1994年8月）

第74代子孙。孔繁森父母同大多数堂邑镇五里墩村农民一样,虽然生活贫困但始终辛勤劳作。一家人经历了抗日战争后期和解放战争全过程,孔繁森父亲总是走在支前最前列,与村里其他妇女比,孔繁森母亲为解放军做的军鞋最多,他们以作为普通劳动者尽自己所能为共产党做事为荣,从内心真诚地热爱共产党。这些无疑深深影响了年纪尚小的孔繁森。孔繁森在第一次赴藏时,其母亲卧病在床,他满含愧疚之情前去辞行,母亲却让他不要挂念家庭,要踏踏实实干好自己的工作。

正是敦厚的传统家风,造就了孔繁森淳朴善良、无私忘我、忠义担当的品质,也让孔繁森更加坚定了为共产主义奋斗终生的信念。同时,他也将这样的家风进一步传承,持家育儿教女。了解孔繁森事迹的人,对孔家的家风也一定有所了解。这里荐两封孔繁森给儿女的家书,便可见一斑。

给大女儿孔静的信

小静：

　　记住，为人处世要谦虚，任何时候，都不要说狂话，说大话，说空话，说假话。

　　我认为一个人最大的幸福，一是组织信任，同志们谅解；二是领导分配的任务能胜任；三是读书、学习、写文章。

　　人一生中可怕的不是做错事，可怕的是做错了不敢承认，不敢正视自己的错误，更可怕的是知错而不改。

　　自尊、自爱、自强、自奋。

给二女儿孔玲的信

玲玲：

　　你的来信爸爸收到了，已了解到目前你的处境。我想这是必然的，这是你独立生活的第一步，遇到这些困难是预料之中的事。爸爸第一次出远门当兵到济南，正好比你小半岁。我1961年当兵，可以说对于城市生活什么都不懂……当时我是带着你大娘从张庄借的七元钱上路的，而当兵的第一年我就节约了五十元钱寄回老家……

　　玲玲，你现在填补了咱家没有正式大学生的空白。你考上了大学，了却了爸爸盼望已久的心事。今天实话告诉女儿，自从你考入中

第三章 孔繁森精神的历史定位

学后，我就把希望你上大学的愿望埋在了心底。回想往事，爸爸觉得你的成长至少有两点值得我总结。一是由于我的工作环境，朋友多、同事多，工作调动频繁，虽然影响了你的学习，但也使你接触社会太早，成熟过早。二是我要求你们几个孩子太严，望子成龙的心情过于迫切。从现在看大有好处，不然的话，这个环境对你们不利。

我看过不少名人自传和他们的成长过程，比如居里夫人、宋庆龄、我国医学专家林巧稚等，她们的出身有的是贵族，有的是贫民，但她们却有一些共同的条件，一是家教比较严，二是性格内向，三是有自己的奋斗目标。

爸爸不盼望你当什么名人，而想让你尽早成为一个人格、素质俱佳的对社会有用的人，这既是社会的需要，也是家庭的需要。爸爸知道你是一个十分要强的人，而且也有雄心壮志，我相信你一定会成长为一个有出息的人。我肯定地说，爸爸没法和你比。

爸爸文化水平低，有时候工作起来就有点力不从心，这个"力"就是科学文化的力量。

爸爸多么渴望有这种强大的力量来支撑我，但小时候没有这个条件，已与它失之交臂。我现在只能在祖国需要的地方，在党安排的岗位上踏踏实实地做点贡献。对此，爸爸也是壮心不已。爸爸还不到50岁，还能陪伴着你们年轻人跑一程。

玲玲，我本应该早点给你去信，但在你和你妈妈走后的第三天下午,我就做了手术。今天刚下床,不久就回阿里。躺在床上,才能静下心来想好多事,也想到了我的女儿。所以,今天就写了这个字。

除去学习锻炼身体外,有时间看点文学和历史书,善于和不同性格的同学交朋友。夜深了,病友们都睡着了,我也要躺一会儿。

爸爸:孔繁森

1993年9月20日于医院中

虽然孔繁森大多数时间奋斗在自己的工作岗位上,但他内心一直牵挂着自己的父母和儿女,他是一位好儿子,也是一位好父亲。在女儿孔玲考上重庆的大学以后,每当阿里有人去重庆的时候,前一天无论多晚,孔繁森都要在睡前给女儿写封亲笔信。这一封封亲笔信是孔繁森与儿女沟通的桥梁,也传达了他对儿女的期望与关爱。与此同时,他的儿女也通过信件了解到父亲的职责与志向所在。孔繁森殉职后,他的小女儿孔玲在接受央视《流金岁月》栏目主持人采访时说,爸爸活着的时候,常常说对不起奶奶,对不起妈妈,对不起我们,但是他最对不起的是他自己。这是15年后已经长大成人的女儿对父亲深刻的理解,也是对孔繁森无私忘我、舍己为人精神最好的说明。孔繁森同志言传身教,为他的儿女树立了好的榜样,并以实际行动让子女认识到作为一名党员干部的责任与担当。这是传承家风的最好方式之一,也是所有家庭学习的典范。

第四章
孔繁森精神的时代价值

　　我们这个时代之所以需要大力弘扬孔繁森精神,是因为孔繁森精神具有巨大的价值引领力和教育感召力。这种价值引领力和教育感召力,突出地表现在孔繁森精神在现实生活中所具有的教育激励、正向引导作用和匡正时弊、治病救人作用。它犹如一面镜子,可以使人特别是党员领导干部从中看到自己的不足,重塑人生形象;它犹如一把尺子,可以使人特别是党员领导干部从中量出自己的差距,端正人生航标;它犹如一面旗帜,可以使人特别是党员领导干部从中感受向上的力量,扬起"长风破浪会有时"的人生风帆。

第一节　用科学的理论凝心铸魂

中国共产党是用马克思主义的科学真理武装起来的、无产阶级的先锋队组织,用马克思主义和马克思主义中国化的理论体系立心铸魂是共产党人的看家本领,是中国共产党从无到有、从小到大、从弱到强,带领人民战胜各种艰难险阻的法宝。中国共产党自成立之日起,就把马克思主义作为指导思想写在自己的旗帜上,把科学理论武装作为克难制胜的关键一招,每一位共产党员都必须是坚定的马克思主义者。马克思主义的理想就是要建立一个属于全人类的理想社会,即一切人自由而全面发展的共产主义社会,这就是共产党人的崇高信仰和最终奋斗目标。作为新时代的党员干部,必须坚持用当代中国马克思主义立心铸魂,做培育和践行社会主义核心价值观的表率。

一、高举当代中国马克思主义旗帜

马克思主义是科学的世界观和方法论,纵观世界社会主义运动波澜壮阔的曲折进程，成功与失败正反两方面的经验教训证明了马克思主义作为真理的科学性、真理性、实践性和人民性。历史和实践证明，依靠马克思主义武装起来的中国共产党在不同历史时期，在不同社会条件下，不断深化对人类社会发展规律、社会主义建设规律和共产党执政规律的认识，不断开拓革命、建设和改革的新局面。一言以蔽之，科学理论武装是中国共产党的胜利之基、成事之本、进取之要。如果不以马克思主义为指导、不坚持科学理论武装，共产党就会丧失先进之源、执政之基、发展之依，就会被历史和人民群众所抛弃。

孔繁森作为党的领导干部，之所以能够在不同的领导岗位上，在艰苦的工作环境中，在改革开放发展社会主义市场经济的历史环境下，始终保持坚定的共产主义理想信念，保持共产党人为民担当的宗旨意识，保持党员领导干部两袖清风的纯洁品质，其根本原因就在于他从思想深处、信仰高处解决了人生的"总开关"问题，真正做到了始终用马克思主义武装自己的头脑。

从中国一个传统的普通农民家庭走出来，经过系统的学校教育和军队革命精神的锻造，逐渐走上领导岗位的孔繁森，其成长的一个关键因素就是学习，尤其是对马克思主义及马克思主义中国化思想的学习，使孔繁森的思想境界不断提升。他总是走到哪里就学习到哪里，看书、调研是孔繁森最重要的日常安排之一，随身携带的笔记本记录着他工作、生活的点点滴滴。从未放松过学习,使孔繁森的人生观、世界观、价值观日益完善,也使他的共产主义理想信念日益成熟和坚定。

党的十一届三中全会后,以邓小平同志为核心的党的第二代中央领导集体,把马克思主义的普遍真理同我国的具体实际相结合,开创了建设有中国特色社会主义的崭新历史进程,在改革和建设实践中,逐步形成了邓小平理论。正是在这一具有重大历史转折意义的社会背景下,孔繁森步入人生的重要发展期。1985年,时任山东省莘县县委副书记的孔繁森,考入了中央党校函授学院,在那里他接受了更加系统深入的理论学习。三年学习期间,他几乎牺牲了所有的业余时间,无论是工作之余,还是出差在外,他总是见缝插针地挤时间学习,并如期完成学业。他的毕业论文被评为优秀毕业论文,他本人也被评为全国优秀学员。

通过长期坚持不懈的刻苦学习,他的理论功底更加深厚,政治上更加成熟和坚定,对人生的理解更加明确和深刻。孔繁森在日记中记述:"参加工作30年来,我对共产主义的信念从没有动摇过、改变过,不管是工作顺利的时候,还是我们党处在困难时期,自己都能坚信党的领导,坚定共产主义信念。"事实的确如此。1989年,当拉萨发生骚乱时,他为保卫祖国的统一,维护民族团结,不顾个人安危,挺身而出,积极组织指挥平息骚乱,旗帜鲜明地同分裂分子进行坚决的斗争。

经过这些实践历练，他对中国传统文化中的"忠诚"和马克思主义的"奋斗"有了更新更深的认知，从而更加自觉地把党和国家事业的需要、人民的需要当作自己奋斗的目标，当作自己的人生理想；他对中国传统文化中的"仁爱"和马克思主义的"人民性"有了更加生动的认知，把爱别人升华到爱人民的最高境界，把全心全意为人民服务的宗旨更加自觉地内化为自己的一言一行；他对中国传统文化中的"清廉"和马克思主义的"纯洁性"有了更加清晰的认知，把位置、头衔和权力看作立场、担子和责任，把不能为家国立业、不能为民造福看作自己最大的耻辱。正是其勤于学习、善于学习，坚定地以马克思主义来武装自己，才使孔繁森的人生境界、为官境界得以升华，使他在改革开放、市场经济大潮涌入的新形势下，经受住了拜金主义、享乐主义、极端个人主义的考验，不贪不占，两袖清风，一尘不染，保持了共产党人崇高的气节和清廉的品格。

2016年7月1日，习近平总书记在庆祝中国共产党成立95周年大会上的讲话中指出："坚定的理想信念，必须建立在对马克思主义的深刻理解之上，建立在对历史规律的深刻把握之上。全党要深入学习马克思列宁主义、毛泽东思想、邓小平理论、'三个代表'重要思想、科学发展观，深入学习党的十八大以来党中央治国理政新理念新思想新战略，不断提高马克思主义思想觉悟和理论水平，保持对远大理想和奋斗目标的清醒认知和执着追求。"[①]各级党员领导干部对待马克思主义，要坚持学而信、学而思、学而行，把学习成果转化为不可撼动的理想信念，转化为正确的世界观、人生观、价值观，用理想之光照亮奋斗之路，用信仰之力开创美好未来。

作为新时代的党员领导干部，我们肩负的任务更重，面临的风险和考验更多。国内外的形势比以往更加复杂，在这样纷繁复杂的环境里，我们要保持初心，牢记宗旨，守住底线，勇于担当，就更加需要自觉地对主观世界进行改造，坚持用马克思主义和马克思主义中国化的最新成果习近平新时代中国特色社会主义思想武装自己。用习近平新时代中国特色社会主义思想武装全党，对于凝聚全党全国各族人民的思想共识和智慧力量，夺取新时代中国特色社会主义伟大胜利，实现中华民族伟大复兴的中国梦，具有重大现实意义和深远历史意义。党员干部必须深入学习、准确领会习近平新时代中国特色社会主义思想的精神实质，进一步筑牢同以习近平同志为核心的党中央保持高度一致的政治自觉、思想自觉和行动自觉。

高扬思想旗帜，筑牢政治坚定清醒的理论根基。要充分认识习近平新时代中国特色社会主义思想的重大意义。习近平新时代中国特色社会主义思想是对马克思列宁主义、毛泽东思想、邓小平理论、"三个

---

① 习近平：《在庆祝中国共产党成立九十五周年大会上的讲话》，人民出版社2016年版，第11～12页。

代表"重要思想、科学发展观的继承和发展,是马克思主义中国化的最新成果,是当代中国马克思主义、21世纪马克思主义,是党和人民实践经验和集体智慧的结晶,是中国特色社会主义理论体系的重要组成部分,是全党全国人民为实现中华民族伟大复兴而勠力奋斗的行动指南。要深刻领会习近平新时代中国特色社会主义思想的核心要义和科学内涵。坚持和发展中国特色社会主义,是改革开放以来我们党全部理论和实践的鲜明主题,也是习近平新时代中国特色社会主义思想的核心要义。这一重要思想内涵十分丰富,其中最重要、最核心的内容就是"十个明确"。党员干部必须融会贯通地深刻领会这一重要思想的核心要义和科学内涵,做到知之愈明、信之愈坚、行之愈笃。要准确把握习近平新时代中国特色社会主义思想的实践要求。围绕贯彻落实习近平新时代中国特色社会主义思想,党的十九大报告提出了新时代中国特色社会主义基本方略,并概括为"14个坚持"。党的基本方略既是习近平新时代中国特色社会主义思想的重要组成部分,又是落实习近平新时代中国特色社会主义思想的实践要求,党员干部要结合工作实际,毫不动摇地坚持,不折不扣地落实。

掌握立场观点方法,用好改造主观世界的锐利武器。要学习习近平新时代中国特色社会主义思想贯穿的马克思主义立场观点方法。习近平新时代中国特色社会主义思想既是世界观、价值观,又是认识论、方法论,贯穿着当代中国共产党人的政治品格、价值追求、精神

第四章　孔繁森精神的时代价值

境界、实践要求。党员干部要自觉用习近平新时代中国特色社会主义思想改造主观世界，解决好世界观、人生观、价值观这个"总开关"问题，坚定理想信念，忠诚于党和人民的事业。要学习习近平总书记的政治定力和政治智慧。习近平新时代中国特色社会主义思想是我们党在中国特色社会主义新时代举什么旗、走什么路的政治宣言，充分彰显了坚强的政治定力和超凡的政治智慧。党员干部要自觉用习近平新时代中国特色社会主义思想武装头脑，增强"四个自信"，坚定政治定力，提高政治能力。要学习习近平总书记的政治勇气和理论品格。习近平总书记以马克思主义政治家、思想家的深刻洞察力、敏锐判断力和战略定力，提出了一系列具有开创性意义的新理念新思想新战略，为习近平新时代中国特色社会主义思想的创立发挥了决定性作用、做出了决定性贡献。党员干部要深刻理解贯穿习近平新时代中国特色社会主义思想的坚定信仰信念、鲜明人民立场、强烈历史担当、求真务实作风、勇于创新精神，深刻汲取其理论营养，坚定理论自信和理论自觉。

弘扬优良学风，增强担负历史使命的行动自觉。要在拥护核心上见忠诚。党员干部要把学习成果转化为坚决维护习近平总书记党中央的核心、全党的核心地位，坚决维护以习近平同志为核心的党中央权威和集中统一领导的政治自觉，政治上坚定拥护核心、思想上高度认同核心、行动上坚决追随核心、组织上自觉维护核心、情感上衷心爱戴核心。要在提高能力上见真诚。习近平新时代中国特色社会主义思想是党员干部增强执政本领、破解改革发展难题的思想宝库。党员干部要把学习成果转化为提高长期执政能力的思想自觉，围绕统筹推进"五位一体"总体布局、协调推进"四个全面"战略布局，提高战略思维、创新思维、辩证思维、法治思维、底线思维能力，使思维方式和思想认识水平更加符合新时代的要求；增强做好实际工作的本领，不断提高适应新时代、实现新目标、落实新部署的能力，增强推动高质量发展和建设现代化经济体系的本领，跟上时代节拍，担当时代重任。要在破解难题上见真章。学习的目的在于实际应用。党员干部要把学习贯彻习近平新时代中国特色社会主义思想的成果转化为指导实践、推动工作、改造客观世界的行动自觉，落实到全面贯彻党的基本理论、基本路线、基本方略上，落实到贯彻新发展理念、推进供给侧结构性改革、实施"七大战略"和打好"三大攻坚战"上，落实到做好本职工作、推动事业发展上。

二、守初心，担使命

树立共产主义信念不仅是一个思想理论问题，更是一个实践行动问题。从理论维度来讲，共产主义信念在无产阶级革命者进行行为选择、自我评价和意志调节时，始终为他们提供着符合社会发展规律的正确方向，判断是非善恶的科学准则，战胜困难与挫折的强大动力。从实践维度来讲，就是要在中国特色社会主义建设实践中，在每一个共产党人的职业生涯中，始终心中有信念、明方向。只有牢固树立坚定的共产主义信念，才能不断为共产主义理想的实现贡献自己的光和热，才能团结和凝聚起14亿中国人的磅礴力量，齐心协力朝既定目标奋勇前进。

孔繁森的先进事迹，就是当代中国共产党人不忘初心、牢记使命，坚定共产主义信念的生动实践。从孔繁森的一言一行中，我们可以看出，无论是于国于家，于公于私，于人于己，于顺境逆境，于艰难困苦，孔繁森从来没有动摇过自己的初心，从来没有畏惧过作为党员领导干部应有的担当，他始终保持拼搏、向前……孔繁森精神所蕴含的这种坚定的信仰就是当代中国共产党人不忘初心、牢记使命，坚定共产主义信念的外化。孔繁森精神的当代意义就在于，为新时代党员领导干部认识和践行共产党人的初心和使命、共产主义的信念提供了鲜活的样本。正如习近平总书记在纪念朱德同志诞辰130周年座谈会上的讲话中所指出的："不忘初心，方得始终。对马克思主义的信仰，对社会主义和共产主义的信念，是共产党人的政治灵魂，是共产党人经受住各种考验的精神支柱。只有理想信念坚定的人，才能始终不渝、百折不挠，不论风吹雨打，不怕千难万险，坚定不移为实现既定目标而奋斗。"

三、自觉践行社会主义核心价值观

社会主义核心价值观是社会主义核心价值体系的内核，体现社会主义核心价值体系的根本性质和基本特征，反映社会主义核心价值体系的丰富内涵和实践要求，是社会主义核心价值体系的高度凝练和集中表达。

新中国成立后，我国确立了社会主义国家制度和政治制度、以公有制为基础的社会主义基本经济制度和以马克思主义为指导思想的社会主义意识形态，为社会主义核心价值体系建设提供了政治前提、物质基础和文化条件。改革开放以来，我国在社会主义意识形态建设方面不断进行新的探索，提出了从建设社会主义核心价值体系到以"三个倡导"为内容、积极培育和践行社会主义核心价值观的重要论断和战略任务。党的十八大提出，倡导富强、民主、文明、和谐，倡导自由、平等、公正、法治，倡导爱国、敬业、诚信、友善，积极培育和践行社会主义核心价值观。富强、民主、文明、和谐是国家层面的价值目标，自由、平等、公正、法治是社会层面的价值取向，爱国、敬业、诚信、友善是公民个人层面的价值准则，这24个字是社会主义核心价值观的基本内容。

党的十八大以来，党中央高度重视培育和践行社会主义核心价值观。习近平总书记多次做出重要论述、提出明确要求。中央政治局围绕培育和弘扬社会主义核心价值观、弘扬中华传统美德进行集体学习。中共中央办公厅下发《关于培育和践行社会主义核心价值观的意见》。党中央的高度重视和有力部署，为加强社会主义核心价值观教育实践指明了努力方向，提供了重要遵循。

2017年10月18日，习近平总书记在党的十九大报告中指出，培育和践行社会主义核心价值观，要以培养担当民族复兴大任的时代新人为着眼点，强化教育引导、实践养成、制度保障，发挥社会主义核心价值观对国民教育、精神文明创建、精神文化产品创作生产传播的引领作用，把社会主义核心价值观融入社会发展各方面，转化为人们的情感认同和行为习惯。

"富强、民主、文明、和谐"，是我国社会主义现代化国家的建设目标，也是从价值目标层面对社会主义核心价值观基本理念的凝练，在社会主义核心价值观中居于最高层次，对其他层次的价值理念具有统领作用。富强即国富民强，是社会主义现代化国家经济建设的应然状态，是中华民族梦寐以求的美好夙愿，也是国家繁荣昌盛、人民幸福安康的物质基础。民主是人类社会的美好诉求。我们追求的民主是人民民主，其实质和核心是人民当家做主。它是社会主义的生命，也是创造人民美好幸福生活的政治保障。文明是社会进步的重要标志，也是社会主义现代化国家的重要特征。它是社会主义现代化国家文化建设的应有状态，是对面向现代化、面向世界、面向未来的，民族的科学的大众的社会主义文化的概括，是实现中华民族伟大复兴的重要支撑。和谐是中国传统文化的基本理念，集中体现了学有所教、劳有所得、病有所医、老有所养、住有所居的生动局面。它是社会主义现代化国家在社会建设领域的价值诉求，是经济社会和谐稳定、持续健康发展的重要保证。

"自由、平等、公正、法治"，是对美好社会的生动表述，也是从社会层面对社会主义核心价值观基本理念的凝练。它反映了中国特色社会主义的基本属性，是我们党矢志不渝、长期实践的核心价值理念。自由是指人的意志自由、存在和发展自由，是人类社会的美好向往，也是马克思主义追求的社会价值目标。平等指的是公民在法律面前一律平等，其价值取向是不断实现实质平等。它要求尊重和保障人权，人人依法享有平等参与、平等发展的权利。公正即社会公平和正义，它以人的解放、人的自由平等权利的获得为前提，是国家、社会应然的根本价值理念。法治是治国理政的基本方式，依法治国是社会主义民主政治的基本要求。它通过法制建设来维护和保障公民的根本利益，是实现自由平等、公平正义的制度保证。

"爱国、敬业、诚信、友善"，是公民的基本道德规范，是从个人行为层面对社会主义核心价值观基本理念的凝练。它覆盖社会道德生活的各个领域，是公民必须恪守的基本道德准则，也是评价公民道德行为选择的基本价值标准。爱国是基于个人对自己祖国依赖关系的深厚情感，也是调节个人与祖国关系的行为准则。它同社会主义紧密结合在一起，要求人们以振兴中华为己任，促进民族团结、维护祖国统一、自觉报效祖国。敬业是对公民职业行为准则的价值评价，要求公民忠于职守，克己奉公，服务人民，服务社会，充分体现了社会主义职业精神。诚信即诚实守信，是人类社会千百年传承下来的道德传统，也是社会主义道德建设的重点内容，它强调诚实劳动、信守承诺、诚恳待人。友善强调公民之间应互相尊重、互相关心、互相帮助，和睦友好，努力形成社会主义新型人际关系。

社会主义核心价值观的基本原则就是，坚持以人为本，尊重群众主体地位，关注人民利益诉求和价值愿望，促进人的全面发展；坚持以理想信念为核心，抓住世界观、人生观、价值观这个"总开关"，在全社会牢固树立中国特色社会主义共同理想，着力铸牢人民的精神支柱；坚持联系实际，区分层次和对象，加强分类指导，找准与人民思想的共鸣点、与群众利益的交汇点，做到贴近性、对象化、接地气；坚持改进创新，善于运用群众喜闻乐见的方式，搭建群众便于参与的平台，开辟群众乐于参与的渠道，积极推进理念创新、手段创新和基层工作创新，增强工作的吸引力、感染力。

从提升民族和人民的精神境界看，核心价值观是精神支柱，是行动向导，对丰富人民的精神世界、建设民族精神家园，具有基础性、决定性作用。一个人、一个民族能不能把握好自己，很大程度上取决于核心价值观引领作用发挥得好不好。发展起来的当代中国，更加向往美好的精神生活，更加需要强大的价值支撑。要振奋起人民的精气神、增强全民族的精神纽带，必须积极培育和践行社会主义核心价值观，铸就屹立于世界民族之林的中国精神。

四、"活着的孔繁森"杨善洲

杨善洲（1927年1月4日—2010年10月10日），中共党员，云南省保山市施甸县姚关镇人，1951年5月参加工作，1952年11月入党，曾任云南省保山地委书记。1988年3月退休以后，主动放弃进省城安享晚年的机会，扎根大亮山，义务植树造林，带领大家建成面积5.6万亩、价值3亿元的林场，且将林场无偿捐赠给国家。杨善洲在退休之后，获得"全国绿化十大标兵""全国绿化奖章""全国老有所为先进个人"等众多荣誉，被誉为"活着的孔繁森"。2011年全国道德模范候选人，2011年《感动中国》十大人物获奖者。2018年12月18日，党中央、国务院授予杨善洲同志改革先锋称号，颁授改革先锋奖章，并获评不忘初心、奉献一生的退休干部楷模。2019年9月25日，杨善洲获得"最美奋斗者"荣誉称号。

1988年4月，60岁的杨善洲同志光荣退休。时任省委书记的普朝柱代表省委找他谈话，让他搬到昆明居住，并说还可以到省人大常委会

第四章　孔繁森精神的时代价值

工作一段时间,杨善洲婉言谢绝了:"我要回到家乡施甸种树,为家乡百姓造一片绿洲。"

大亮山位于保山市施甸县城东南约50公里处,海拔在1800—2619米。杨善洲的家乡就在大亮山脚下的姚关镇陡坡村。20世纪六七十年代,由于当地经济社会发展滞后,当地农民缺衣少粮,就开始大规模地毁林开荒,原本翠绿的大亮山生态遭到极大破坏,山光水枯,荒凉空旷,山石裸露,山间溪流逐年减少乃至枯竭,当地农民饮水大多要到几公里外的地方人挑马驮,周边十几个村也陷入"一人种三亩,三亩吃不饱"的贫困境地。为了增加粮食产量,村民只有进一步开荒耕种面积,导致了生态环境急剧恶化。

退休后的杨善洲选择了大亮山,就是为了改变家乡的生态环境,造福家乡人民。他说:"我是在兑现许给家乡老百姓的承诺,在党政机关工作多年,因为工作关系没有时间回去照顾家乡父老,家乡人找过我多次,叫我帮他们办点事我都没有答应,但我答应退休以后帮乡亲们办一两件有益的事,许下的承诺就要兑现。至于具体做什么,经过考察我认为还是为后代人造林绿化荒山比较实在,这既对全县有利,也对当地群众生产、生活有利。"

杨善洲虽然是大亮山林场的主要创办人,但他从不从林场领取报酬。林场场长自洪学曾跟杨善洲谈过很多次,自洪学说:"老书记,多的钱咱们林场拿不出来,一月补助你500元林场还是有的。"但杨善洲一句话就把自洪学顶了回去："我上山来是种树的，要那么多钱干什么？"保山地区经济协作办公室得知杨善洲的情况后对他说："老书记，你来做我们的顾问吧，一个月我们给你1000块钱。"杨善洲谢绝了，他说："我是林场的顾问，没有时间给你们做顾问。"杨善洲的老伴曾坐过4次林场的吉普车，他为此交了370元的汽油钱。他说："办林场后，领导考虑到我老了，外出办事不方便，就专门为我配了车。但车子是办公用的，不是接送家属的。虽然不在岗位了，但原则还是要坚持。还有我当领导有小车用，那些买不起车、买不起摩托车的人怎么办呢？想想这些，我觉得当个领导已经够'特殊'的了，还想多占点其他的便宜，就太不应该了。"

大亮山林场挂牌后，杨善洲不是场长，却没少操心。平时，他和林场职工一样，起早贪黑，上山挖塘种树，吃的是一个锅子里的饭，住的是一样的油毛毡窝棚。有的同志看不过去，说他年纪大了，给一点特殊照顾，给他开个小灶，他坚决不肯，执意要和大家同吃同住同劳动。为了御寒，大亮山四季烧火塘，晚上，大家就围着杨善洲住的火塘商量工作。杨善洲乐在其中地说："白天造林、晚上烤火，也是一种很好的生活方式嘛！"

作为一名共产党员，杨善洲同志60年如一日，始终坚定共产主义理想信念，牢记党的宗旨，时时处处以共产党员的标准来衡量和要求自己。他曾说："我1952年入党，其实当时自己没想到入党，觉得自己条件不够，是组织上看我表现不错，把我确定为重点培养对象。随着思想觉悟的提高，越来越觉得加入中国共产党是一种正确的选择。共产党的宗旨是全心全意为人民服务，远大目标是使整个中华民族富裕起来，这正是我一直想做的事情。入党后，我很快找到了人生方向和奋斗目标。"他还说："我是共产党员，哪能光想着自己？把自己的家庭搞得'富丽堂皇'，别人却还过着艰难日子，那么，我们常说的完全、彻底地为人民服务，不是成了骗人的假话吗？无论在什么时候，何种环境中，我们都不能忘记了党的根本宗旨，都应该把坚持党的宗旨作为一切行动的出发点和归宿。"

第二节 争做新时代人民勤务员

对于共产党人来说，宗旨意识与人民公仆的角色是统一的。如果没有树立全心全意为人民服务的宗旨意识，就不配"人民公仆"这个称谓。如果忘却或者偏离"人民公仆"的角色定位，也就不可能牢固树立全心全意为人民服务的宗旨意识。

一、强化亲民爱民为民的宗旨意识

对于新时代的广大党员、干部而言，全心全意为人民服务就是要不忘初心、扎实工作、廉洁奉公，身体力行把党的方针政策落实到基层和群众中去，真心实意为人民造福。孔繁森同志身上对党忠诚、心系人民、忘我工作、无私奉献的优秀品质归根结底就在于他已经把全心全意为人民服务的宗旨内化于心、外化于行。

孔繁森的事迹告诉我们，作为党员领导干部，就要时刻坚守好共产党人全心全意为人民服务的精神高地。领导干部要"强宗旨"，就要时刻把服务群众作为工作的出发点。作为党员干部,要树立公仆之心,切实做到心里装着群众,凡事想着群众,倾听百姓疾苦,了解百姓所需、所盼、所愿,全力办好群众急需解决的问题,为百姓谋利益、办实事。

"从群众中来到群众中去,当好群众的贴心人",一句简简单单的话,湖北省政协原主席沈因洛却用他的一生去践行。紧密联系群众,他坚持了一辈子,一辆自行车、一个黄布军用挎包、一个本子、一支笔,他的足迹遍布武钢十里钢城、百里矿山。把群众冷暖摆在突出位置,他一以贯之。中国人民抗日战争暨世界反法西斯战争胜利70周年的慰问金,他当即转赠给了红军烈属,106张捐款收据,总额达14万多元,背后承载的是他对群众无私的爱和满满的情谊。

要带着全心全意为人民服务的"初心"铸就"三头六臂"。学习廖俊波同志的先进事迹,乡村、厂矿、社区有他的身影,发展经济有他的身影,危急关头有他的身影,帮助群众解决困难时有他的身影,给干部鼓劲加油时有他的身影,他仿佛长了"三头六臂"。"周末不周末关键是看有没有事,有事就没周末了",我们学习廖俊波同志,必须摆正位置,像他一样拥有一颗牵挂着党和人民事业、牵挂着普通人民群众的心,坚定理想信念,恪守"公仆"职责,从干中学,在学中干,不断增强为人民服务的本领,为群众"加班"不怕累。

要带着全心全意为人民服务的"初心"磨砺坚强意志。廖俊波同志有一股拼劲,敢闯敢干,啃下一块块"硬骨头",走到哪里,哪里就会大变样。我们学习廖俊波同志,就必须不畏艰难险阻,敢于迎难而上,积极争取"背炸药包的特权",哪里有群众需要就出现在哪里,撸起袖子加油干。

要带着全心全意为人民服务的"初心"凝聚温暖人心。无疑,干部群众的拥护是廖俊波同志不凡工作业绩的强大支撑力量。"当官能为民着想,凝聚民心国家强",我们学习廖俊波同志,必须学习他为了事业"三顾茅庐"的爱才之心,对群众不厌其烦的爱民情怀,扑下身子、苦干实干,坚持从身边做起、从小事做起,努力弘扬社会正能量,发挥党员干部先锋模范作用,温暖人心进而凝聚力量,干好事创好业,唱好自己的生命赞歌。

二、争做新时代老黄牛、孺子牛、拓荒牛

"人民公仆",直观理解就是"公众的仆人,比喻替公众服务的人"。人民公仆不是一个抽象的社会角色,不是一个简单的称谓和头衔,它指向具体的行动和生动的实践。

新时代的党员领导干部,要想做一名合格的人民公仆,关键要始终牢记自己的公仆身份,正确对待手中的权力,争做新时代老黄牛、孺子牛、拓荒牛。用权为公,还是以权谋私,是衡量"公仆"优劣的

重要依据。权力是人民赋予的，只能用来为人民服务；把权力用来谋私，无论是为个人，还是为小团体，都是腐败行为，都与党的根本宗旨相违背。忘掉自己公仆身份的人终会走向歧途。我们要自觉抵制剥削阶级腐朽思想的侵蚀。每一名人民公仆都要努力做有理想、有道德、有文化、有纪律的人，做一个脱离了低级趣味的人；要有高尚的情操，淡泊明志，夙夜在公。慎独谨严，一尘不染，构筑坚固的抵御"洪水猛兽"的堤防，谨防蝼蚁之穴；要牢记防微杜渐，不因恶小而为之。吃喝玩乐使人消沉，酒色财气使人堕落，这是不少落水之人的前奏曲。

"欲影正者端其表，欲下廉者先之身。"我们既要学习英雄模范人物的革命精神，严于律己，又要从那些身败名裂者身上吸取教训，警惕重蹈覆辙。要自觉接受党和人民的监督。监督是防止腐败的有力手段。认为自己的权力可以不受任何限制，是一种腐朽的封建特权思想，不受监督的权力必将导致腐败，好的干部如果没有经常性的监督约束也可能变坏。一些人走入邪路，就是在荣誉和权力面前自我膨胀、忘乎所以，对群众和组织的监督置若罔闻，肆无忌惮，胡作非为，到头来没有不身败名裂的。因此，每一名干部都应自觉地把自己置于党和人民的监督之下，消除特权思想，摆正个人与组织、"公仆"与"主人"的位置，这样就能做到少犯或不犯错误。

三、帕米尔高原白衣圣人：吴登云

长期以来，"为人民服务"已成为中国共产党人心目中美好、神圣的字眼，成为全党高尚思想境界、精神境界的追求目标。为人民服务精神的弘扬，不仅是提升党和政府公信力的关键，更是树立良好的社会风气、建立良好的人际关系、各项事业有序推进、培养一代又一代具有高尚境界的社会主义公民的重要因素。100位新中国成立以来感动中国人物之一、白求恩奖章获得者、全国劳动模范、全国五一劳动奖章获得者、全国优秀共产党员，被誉为帕米尔高原上的"白衣圣人"、新疆维吾尔自治区乌恰县人民医院原院长吴登云的事迹就生动诠释了共产党人"为人民服务"的宗旨意识。

吴登云，江苏高邮人，大学毕业后，他便从江苏水乡来到祖国的西北边陲，带着对边疆各族人民的深厚感情，刻苦学习，救死扶伤，无私奉献，多年来为病人无偿献血7000余毫升，为抢救危重烧伤患儿从自己身上取皮为患儿植皮，在新疆救死扶伤的几十年里，吴医生挽救了无数病人的生命，把自己的全部心血和爱献给了乌恰县人民，成为备受各族人民爱戴的优秀医生。他以一名共产党员的高度责任感和模范行动，为民族团结、为解决民族地区缺医少药问题，做出了突出贡献，在医德、医风、医术等方面树立了光辉榜样。2001年，从医院院长的岗位退下来后，他除继续在医院参加危重病人的会诊外，对医院发展仍然十分关心，积极帮助医院培养人才，争取资金300万元，新建了病房和门诊楼，改善了医疗设备。同时积极为乌恰县的建设出谋划策，争取项目资金，先后赴江苏、北京、上海、江西、广东、湖南、浙江、安徽、四川、重庆等多个省市做报告，受到好评。

吴登云是一位全心全意为人民服务的典范。他不仅是医疗卫生战线上的楷模，也是全国各族群众学习的榜样。他那种无私奉献、轻名利得失的高尚品格，与少数民族兄弟"同呼吸、共命运、心连心"的品质，刻苦钻研业务，对技术精益求精、对人民满腔热忱的奋斗精神，深深地影响着大家，他是一个高尚的人，一个有益于人民的人。吴登云为民服务的事迹质朴动人。

抽血救人。1966年冬天，一位患功能性子宫出血的柯尔克孜族妇女住进了乌恰县人民医院，她脸色苍白，双眸无神，没挪几步就一身虚汗。年轻的医生吴登云判断，必须输血治疗。然而，只有几间土坯房的简陋医院，哪里有血库呢？望着奄奄一息的病人，吴登云决定抽自己的血。300毫升的鲜血从吴登云的体内流进了柯尔克孜族病人的血管。病人的眼睛有神了，她惊喜地说："我的身上长力气了！"第一次献血就这样开始了。看到自己献出的是一点血，而挽救的却是病人的健康和生命，吴登云认为自己做得太值了。30多年来，他无偿献血30多次，计7000多毫升，相当于一个成年人全身血液的总量。

割皮救人。1971年12月1日，买买提明两岁的儿子玩耍时不慎扑入火堆，全身50%以上的皮肤被烧焦。面对惨不忍睹的小生命，吴登云感到阵阵揪心。一连十多天，他全身心地投入抢救，幼儿终于度过了休克关、感染关，接下来就是创面愈合的难关了。但是，幼儿完好的皮肤所剩无几，怎么忍心过多取用那些细嫩的皮肤呢？吴登云把目光投向了幼儿的父亲。买买提明听说要从自己身上取皮，吓得惊恐万状，连连说不行。吴登云决定从自己身上取皮。"什么？哪有医生取自己的皮，不行不行！"手术室护士拒绝配合吴登云。吴登云只好自己给自己注射麻药。他先从两条大腿上取皮，随后，又在小腿上注射麻药，果断下刀。10分钟后，他一共从腿上取下13块邮票大小的皮肤。接着，他拖着麻醉的双腿走上了手术台，把自己的皮肤移植到幼儿身上。幼儿得救了，如今已是两个孩子的父亲。

倾力传帮带。1984年金秋，吴登云走上了乌恰县人民医院院长的岗位。当时面临的最大问题就是医务人员短缺。"必须培养一批土生土长的柯尔克孜族医生！"吴登云制订了一个"十年树人计划"，他到各乡镇卫生院物色柯族医护人员，白天上班，夜里帮助柯族同志学习汉语。然后把他们送到自治区医院进修一年，进修回来，他又手把手地传帮带，使一大批柯尔克孜族医生成长起来，现在医院70%以上的业务骨干都是柯尔克孜族人。过去这家连阑尾炎手术都做不好的医院，现在几乎所有的常规手术都能做，医疗水平在边疆县级医院中领先。

吴登云在整个职业生涯中，为改变当地缺医少药的医疗卫生状况，付出了巨大的努力，受到当地各族人民的衷心爱戴。从1966年吴登云第一次给病人输血至今，他先后无偿为病人献血7000多毫升。在他的感召下，乌恰县有1000多名机关干部职工参加了"永恒血库"志愿活动，从而涌现出一支献血大军。

乌恰县山高路远，地广人稀，牧民缺医少药。从20世纪60年代初到80年代末，吴登云每年都要花三四个月时间到牧区巡诊和防疫。他骑着马，背着药箱，足迹踏遍了全县9个乡30多个自然村，牧民们称他为"白衣圣人"。吴登云有多次机会可以调回家乡或到条件好的地方工作，但他认为，乌恰的人民需要他，于是坚定地留了下来。吴登云培养出的少数民族医生现在已经成为医院的骨干；而他深爱的女儿，为了护送病人却长眠在了帕米尔高原。

吴登云同志作为扎根边疆的一名医务工作者，当选党的十六大代表，被国家卫生部授予"白求恩奖章"等荣誉；先后获得全国"五一劳动奖章"，以及全国优秀共产党员、全国"双百"人物称号；自治区"十佳"公仆、模范共产党员、民族团结先进个人称号，并被评为自治州有突出贡献的专业技术拔尖人才。

从杏花春雨江南到大漠孤烟塞外，从小桥流水的江苏扬州到新疆帕米尔高原，吴登云实现了一生中最富传奇色彩的跨越，践行了为人民服务的宗旨意识和高尚情操，树立了具有感召力和教育价值的精神丰碑。

第三节　求真务实担当有为

是否求真务实，从根本上讲是一个人价值观的外在反映。孔繁森精神教育我们，一个坚持人民利益至上的人，必定努力去求真务实；一个坚持个人利益至上的人，往往不会去求真务实。要成为求真务实的忠诚实践者，必须有求真务实的能力，知行统一，言行一致，注重践履，担当有为。

一、求真务实、艰苦创业的作风不能丢

求真务实，是辩证唯物主义和历史唯物主义一以贯之的科学精神，是我们党的思想路线的核心内容，也是党的优良传统和共产党人应该具备的政治品质。求真务实，是党的活力之所在，也是党和人民事业兴旺发达的关键之所在。中国共产党一贯倡导求真务实，把它提到了党的思想路线的高度。求真务实，说起来容易，做起来难，一以贯之则更难。

第四章　孔繁森精神的时代价值

求真务实本身是一种价值取向，其中蕴含着价值观。价值观反映的是一个人对待事情的立场、观点和态度，也就是内心深处究竟相信什么、需要什么、坚持和追求什么。是否求真务实，从根本上讲就是一个人价值观的外在反映。为谁服务的问题是价值观的核心问题。是拥有群众利益至上的价值观，还是拥有个人利益至上的价值观，决定了一个人想不想做到求真务实。

孔繁森精神教育我们，一个坚持人民利益至上的人，必定努力求真务实。这是被无数事实所证明了的道理。郑培民同志始终有着"万事民为先""当干部就要多做造福人民的事情"的理念，所以他无论是在条件较好的湘潭，还是在条件较差的湘西，都做到了兴一方经济，富一方百姓，建一方文明，保一方平安。任长霞同志始终牢记自己是人民的警察，所以她敢于与黑恶势力做坚决斗争而不顾个人安危。而那些腐败堕落分子、站在人民利益对立面的敌人的丑恶价值观警示我们，一个坚持个人利益至上的人，自然不会去求真务实。现实当中，不求真务实的表现各种各样。不想求真务实者，不思进取、得过且过，敷衍了事、庸碌无为；不愿求真务实者，好大喜功、急功近利，习惯于做表面文章，热衷于搞"形象工程""政绩工程"；不敢求真务实者，明哲保身、患得患失，奉行庸俗的好人主义处世哲学；不善求真务实者，沉湎于文山会海，成为庸碌的事务主义者。不求真务实者虽然表现各异，但有一个共同特征，那就是个人利益至上，对人民群众的安危冷暖麻木不仁、无动于衷。

真正的共产党人应当自觉地把求真务实作为自己的价值追求，作为自己政绩的评判标准，以做到求真务实为荣，以做不到求真务实为耻。有人讲，为求真务实而奋不顾身虽然令人钦佩，但自己顾虑多、勇气少。我们有些同志为什么没有勇气坚持求真务实？说到底，原因还在于一事当前，先为自己打算。无私方能无畏。想求真务实的人，必须有舍小我、为大我的精神。有人讲，不是不想求真务实，而是求真务实太费力，自己缺乏那个韧劲。追求表面上的热热闹闹肯定比真抓实干容易。想求真务实的人，必须有不屈不挠、一往无前的精神。

能力决定了能不能做到求真务实。做到求真务实，不仅要有愿望和热情，而且要有能力。求真务实是认识世界与改造世界的统一。坚持求真务实，贵在知行统一，言行一致，注重践履。可以说，知行统一是党的干部是否求真务实的试金石。要成为求真务实的忠诚实践者，必须有求真务实的能力。再美好的蓝图，再宏伟的战略设计，再巧妙的策略安排，如果缺乏应有的能力，终究是空中楼阁，纸上谈兵。同样的事情，处理起来，为什么有的人得心应手，有的人则束手无策？原因就在于能力的差异。这就告诉我们，一个人在做不到求真务实的时候，不要怨天尤人，而是应当首先从自己能力上找原因。一个只会以会议落实会议、以文件落实文件而不会真抓实干的人，肯定没有能力做到求真务实。

一个人，即使今天有能力做到求真务实，也并不意味着永远有能力做到求真务实。毛泽东同志1939年在延安讲过一段话："我们队伍里边有一种恐慌，不是经济恐慌，也不是政治恐慌，而是本领恐慌。"① 在今天这样一个日新月异的时代，面对新形势新任务，面对瞬息万变的新情况，面对层出不穷的新课题，每一名党的干部都应该从做到求真务实的高度努力提高自身能力。领导干部应具备多方面能力。就坚持求真务实而言，最关键的是真抓实干的能力。是否有真抓实干的能力，关键看人民群众对其是否满意。

二、勤于筑梦方显英雄本色

实现中华民族伟大复兴是中华民族近代以来最伟大的梦想。自孙中山先生喊出"振兴中华"的口号以来，中华民族和中国人民为了这个目标进行了艰苦卓绝、不屈不挠的斗争，付出了巨大努力，做出了巨大牺牲。100多年来，中国共产党领导中国人民进行了波澜壮阔的伟大斗争，40多年来，中国共产党带领中国人民走过改革开放的宏伟征程，这两大历史进程使内忧外患、水深火热的中华民族相继实现了"站起来""富起来"的历史性飞跃，并迎来了"强起来"的新时代。

---

① 中共中央文献研究室：《毛泽东文集》（第2卷），人民出版社1993年版，第178页。

★ 高原守护者：孔繁森

　　中华民族伟大复兴是海内外中华儿女价值理想的最大公约数。带领人民实现中华民族伟大复兴的中国梦，是以习近平同志为核心的党中央提出的重大战略思想，是党和国家面向未来的政治宣言，是新时代中国共产党人向人民做出的庄严承诺。它着眼于坚持和发展中国特色社会主义，体现了中国共产党高度的历史担当和使命追求。

　　习近平总书记对中国梦战略思想做出过系统阐释。习近平总书记指出，实现全面建成小康社会、建成富强民主文明和谐的社会主义现代化国家的奋斗目标，实现中华民族伟大复兴的中国梦，就是要实现国家富强、民族振兴、人民幸福。这既深深体现了今天中国人的理想，也深深反映了我们的先人不懈追求进步的光荣传统。

　　首先，中国梦的基本内涵有三个层面：国家、民族、人民。从国家层面看，中国梦就是强国梦。中国要成为强大的现代化国家，赢得世界认同，并成为引领世界发展的主导力量。从民族层面看，中国梦就是民族复兴梦。中华民族要对人类发展做出更大、更多、更重要的贡献。从人民层面看，中国梦就是每个中国人的梦。"中国梦归根到底是人民的梦"，每一个中国人都享有人生出彩的机会、享有梦想成真的机会，同时，实现中国梦也需要每一个人的努力。上述三个层面是把国家、民族和个人作为一个命运共同体，从而使国家利益、民族利益和每个人的具体利益紧紧地联系在一起。

　　其次，中国梦的现实基础是实现"两个一百年"奋斗目标，即到

第四章　孔繁森精神的时代价值

中国共产党成立一百年时全面建成小康社会，到新中国成立一百年时建成富强民主文明和谐美丽的社会主义现代化国家。2014年3月27日，习近平总书记在中法建交50周年纪念大会上的讲话中指出，为了实现中国梦，我们确立了"两个一百年"奋斗目标。我们党历来强调远大理想要与现实工作结合起来，"两个一百年"奋斗目标实际就是中国梦在现时代的具象化。

再次，中国梦是历史的、现实的，也是未来的。中国梦凝结着无数仁人志士的不懈努力，是全体中华儿女坚定不移、代代相传的信念。实现中华民族的伟大复兴，凝聚了几代中国人的夙愿。中国的革命也好，建设也好，改革也好，归根结底就是为了实现这个目标。这既是贯穿20世纪中国历史的基本线索，也是21世纪中国的突出主题。新中国成立以来特别是改革开放40多年来，在中国共产党领导下，中国人民实现了一个又一个伟大飞跃。今天，"我们比历史上任何时期都更接近中华民族伟大复兴的目标，比历史上任何时期都更有信心、有能力实现这个目标"[①]。

最后，中国梦是中国的，也是世界的。中国梦与人类追求和平与发展的梦想相一致，是开放、包容、共享的梦。人类命运共同体的理念以及"一带一路"倡议就是中国梦的国际表达。

习近平总书记指出："实现中国梦必须走中国道路，必须弘扬中

---

① 习近平：《在纪念红军长征胜利80周年大会上的讲话》，人民出版社2016年版，第21页。

国精神,必须凝聚中国力量。"① 中国道路就是中国特色社会主义道路。道路关乎党的命脉,关乎国家前途、民族命运、人民幸福,而中国特色社会主义道路是我们党带领人民历经千辛万苦找到的实现中国梦的正确道路。改革开放的实践已经充分证明,要发展中国、稳定中国,要全面建成小康社会、加快推进社会主义现代化建设,要实现中华民族伟大复兴,必须坚定不移地坚持和发展中国特色社会主义。依据我国正处于并将长期处于社会主义初级阶段这个基本国情,党的十八大对建设中国特色社会主义也即实现中国梦的总体布局是经济、政治、文化、社会、生态文明建设"五位一体"。而为完成这五方面的宏伟任务,以习近平同志为核心的党中央提出了"四个全面"战略布局,即全面建设社会主义现代化国家、全面深化改革、全面依法治国、全面从严治党,从而为中国梦的实现提供了根本保障。

中国精神就是以爱国主义为核心的民族精神和以改革创新为核心的时代精神。实现中国梦,不仅要求我们具备强大的物质基础,也要求我们具备强大的精神力量。实践证明,没有牢固的精神力量做支撑,没有人民精神上的团结以及道德准则上的一致,一切美好的设想就只能停留在口号里。博大精深的中华优秀传统文化是我们在世界文化之林中站稳脚跟的根基,但它必须与时代融合才能为现时代的人们所接受。而社会主义核心价值观体现了代表中华民族独特精神的中华

---

① 何毅亭:《学习习近平总书记重要讲话》,人民出版社 2013 年版,第 17 页。

优秀传统文化与以改革创新为核心的时代精神的紧密结合。习近平总书记强调,把培育和弘扬社会主义核心价值观作为凝魂聚气、强基固本的基础工程。

中国力量是中国各族人民大团结的力量。人民群众是人类历史活动的主体,唯有人民才能创造出巨大的物质财富和精神财富。人民是历史发展和社会变革的决定性力量,人民也是实现中国梦的力量之源。实现中国梦,需要最大限度团结一切可以团结的力量,需要充分发挥全体中华儿女的聪明才智。

"道虽迩,不行不至;事虽小,不为不成。"追梦需要勇气,圆梦需要行动。当前我国已进入改革攻坚期、矛盾凸显期,必须准备进行具有许多新的历史特点的伟大斗争。我们既要以敢于啃硬骨头、敢于涉险滩的勇气蹚过深水区去追梦,也要诚实劳动、开拓创新,以实干兴邦,以实干圆梦。

第四节　永葆共产党人的纯洁本色

宋代文学家周敦颐的《爱莲说》在中国家喻户晓："水陆草木之花，可爱者甚蕃。晋陶渊明独爱菊。自李唐来，世人甚爱牡丹。予独爱莲之出淤泥而不染，濯清涟而不妖，中通外直，不蔓不枝，香远益清，亭亭净植，可远观而不可亵玩焉。"后人常用莲花出淤泥而不染的气节和境界来形容为官者清廉的品质。而共产党人来自人民，是人民群众中的一员，中国共产党是中国工人阶级、中国人民和中华民族的先锋队，党的先进性与纯洁性是相辅相成的。廉洁自律是共产党人的本色，党员的廉洁自律是保持党的队伍纯洁性的前提和基础。

一、腐败是共产党人最大的敌人

党员领导干部要树牢宗旨意识，从点点滴滴做起，时时处处做到"虑于微"，树立"不矜细行，终累大德"的意识。小事小节上的放纵，对一个人品行和作风的影响是渐进的、隐蔽的，却是致命的。

犹如温水之于青蛙、蚁穴之于大堤,常常能使人在不知不觉中陷于困境。

唐代名相陆贽清廉刚正,有官员埋怨他不近人情。唐德宗得知后劝他:"清慎太过,都绝诸道馈遗,却恐事情不通,如不能纳诸财物,至如鞭靴之类,受亦无妨者。"谁知,陆贽对此不以为然,撰文进谏:"贿道一开,展转滋甚。鞭靴不已,必及衣裘;衣裘不已,必及币帛;币帛不已,必及车舆;车舆不已,必及金璧。日见可欲,何能自窒于心。"在他看来,"涓流不止",发展下去必然是"溪壑成灾"。

花繁柳密处拨得开,风狂雨急时立得定,固然能够彰显一名党员的担当和定力,但远离大集体、聚光灯和风暴眼,因为不便监督和管控,其所作所为,更能真实地检验和反映出一个人灵魂深处的高洁或污浊。任何人的腐败堕落,都有一个由量变到质变、由瑕疵到大错的过程。因此,党员干部要树立"不矜细行,终累大德"的意识。

二、打铁必须自身硬

2012年11月15日,习近平总书记在十八届中央政治局常委与中外记者见面会上掷地有声地指出:打铁还需自身硬。五年后,习近平总书记在党的十九大报告中强调:打铁必须自身硬。从"打铁还需自身硬"到"打铁必须自身硬",跨越了五年的风云激荡、波澜壮阔,见证了党和国家发展进程中极不平凡的沧桑巨变,昭示出中国共产党人为中国人民谋幸福、为中华民族谋复兴的初心使命、历史担当,彰显着推进党的建设新的伟大工程,坚定不移全面从严治党的政治自觉、意志品质,体现了我们党对自身建设规律认识的不断深化。

打铁必须自身硬,宣示了中国共产党人的初心和使命,揭示出执政党坚强领导同民族复兴梦想的本质联系。中国特色社会主义最本质的特征是中国共产党的领导,中国特色社会主义制度的最大优势是中国共产党的领导。这是由我国独特的历史命运和现实国情决定的。中华民族拥有5000多年光辉灿烂的历史文明,中华文明的发展从来离不开主轴和核心。从1840年起,不甘屈辱的中华民族就踏上实现伟大复兴的征程,无数仁人志士不屈不挠、前仆后继,进行了可歌可泣的斗争。中国共产党在民族蒙受苦难的逆境中应运而生,义无反顾肩负起领导中国人民实现中华民族伟大复兴的历史使命,经过长期奋斗,久经磨难的中华民族迎来了从站起来、富起来到强起来的伟大飞跃。中国特色社会主义进入新时代,如凤凰浴火涅槃重生,如鲲鹏在天地间御风翱翔。新时代承前启后、继往开来,我们党就要付出更多的努力。只有毫不动摇坚持和完善党的领导,毫不动摇把党建设得更加坚强有力,才能确保党始终同人民想在一起、干在一起,引领承载着中国人民伟大梦想的航船破浪前进,胜利驶向光辉的彼岸。

打铁必须自身硬,科学阐释了新时代"四个伟大"有机统一的辩证关系,特别是党的建设新的伟大工程提纲挈领的决定性作用。伟大斗争、伟大工程、伟大事业、伟大梦想,紧密联系、相互贯通、相互作用,其中起决定性作用的是党的建设新的伟大工程。我们所在的时代充满希望,也充满挑战,进行伟大斗争、推进伟大事业、实现伟大梦想的征程任重而道远。我们党想要始终成为人民公仆、时代先锋、民族脊梁,自身必须过硬,必须通过吸取借鉴古今中外经验教训不断警示自己、提高自己、完善自己。只有更加自觉地坚定党性原则,勇于直面问题,敢于刮骨疗毒,消除一切损害党的先进性和纯洁性的因素,清除一切侵蚀党的健康肌体的病毒,才能不断增强党的政治领导力、思想引领力、群众组织力、社会号召力,确保我们党永葆旺盛生命力和强大战斗力。要结合伟大斗争、伟大事业、伟大梦想的实践来推进伟大工程,确保党在世界形势深刻变化的历史进程中始终走在时代前列,在应对国内外各种风险和考验的历史进程中始终成为全国人民的主心骨,在坚持和发展中国特色社会主义的历史进程中始终成为坚强领导核心。

打铁必须自身硬,既是对党的十八大以来全面从严治党卓著成效的深刻总结,更是新时代推动全面从严治党向纵深发展的宣言书和动员令。党的十八大以来,以习近平同志为核心的党中央以高超政治智慧和非凡政治勇气,持之以恒正风肃纪,推动形成和巩固反腐败斗争压倒性态势，全面从严治党不断向纵深发展，党在革命性锻造中更加坚强，焕发出新的强大生机活力，为党和国家事业发展提供了坚强政治保证。新时代要有新气象新作为，首先全面从严治党就要开辟新局面。在全面从严治党这个问题上，我们不能有差不多了，该松口气、歇歇脚的想法，不能有打好一仗就一劳永逸的想法，不能有初见成效就见好就收的想法。必须持之以恒、善作善成，把管党治党的螺丝拧得更紧，把全面从严治党的思路举措搞得更加科学、更加严密、更加有效。必须练成绝世武功、铸就钢铁意志，才能跨越更多"雪山"和"草地"，征服更多"娄山关"和"腊子口"，最终到达胜利的顶峰。要按照新时代党的建设总要求，一刻不停歇地推动全面从严治党向纵深发展，把党建设成为始终走在时代前列、人民衷心拥护、勇于自我革命、经得起各种风浪考验、朝气蓬勃的马克思主义执政党，实现党和国家长治久安。

  百年犹未老，世纪正青春。打铁必须自身硬，对纪检监察机关自身建设提出了更严要求。纪检监察机关是党内的"纪律部队"，干的就是监督的活、得罪人的活，必须有对党绝对忠诚的高度自觉和责任担当。执纪者必先守纪，律人者必先律己。要以更高的标准、更严的纪律要求自己，培育新素质、塑造新形象，做到忠诚坚定、担当尽责、遵纪守法、清正廉洁，确保党和人民赋予的权力不被滥用、惩恶扬善的利剑永不蒙尘。

三、打造为民、务实、清廉的新时代好干部队伍

2013年6月,习近平总书记在全国组织工作会议上指出,我们党历来高度重视选贤任能,始终把选人用人作为关系党和人民事业的关键性、根本性问题来抓。好干部要做到信念坚定、为民服务、勤政务实、敢于担当、清正廉洁。党的干部必须坚定共产主义远大理想、真诚信仰马克思主义、矢志不渝为中国特色社会主义而奋斗、全心全意为人民服务,求真务实、真抓实干,坚持原则、认真负责,敬畏权力、慎用权力,保持拒腐蚀、永不沾的政治本色,创造出经得起实践、人民、历史检验的实绩。

习近平总书记强调:"好干部不会自然而然产生。成长为一个好干部,一靠自身努力,二靠组织培养。"[1]干部的党性修养、思想觉悟、道德水平不会随着党龄的积累而自然提高,也不会随着职务的升迁而自然提高,而需要终生努力。成为好干部,就要不断改造主观世界、加强党性修养、加强品格陶冶,时刻用党章、用共产党员标准要求自己,时刻自重自省自警自励,老老实实做人,踏踏实实干事,清清白白为官。干部要勤于学、敏于思,认真学习马克思主义理论特别是中国特色社会主义理论体系,丰富知识储备,完善知识结构,打牢

---

[1] 中共中央文献研究室编:《十八大以来重要文献选编》(上),中央文献出版社2014年版,第341页。

履职尽责的知识基础。干部要深入基层、深入实际、深入群众,在改革发展的主战场、维护稳定的第一线、服务群众的最前沿砥砺品质、提高本领。

"好干部标准"是党和国家选贤举能的用人标尺。新修订的《党政领导干部选拔任用工作条例》将"好干部标准"写入总则第一条,用"好干部标准"选人用人是各级党委及组织部门一项极其重要的任务和责任。当前,全党全国各族人民正在为实现中华民族伟大复兴的中国梦而团结奋斗。若选人用人不当就会动摇党的执政根基,失去人民群众的基本信任。要以信念坚定、为民服务、勤政务实、敢于担当、清正廉洁为标准,选出真正的好干部,带领全国各族人民攻坚克难、锐意进取,夺取新时代中国特色社会主义伟大胜利。

"好干部标准"是领导干部为人处世的行动标尺。一个领导干部要想把工作做好,就要以高标准严格要求自己。对干部而言,一切工作都是为了群众。帮群众之所需、解群众之所困,最大限度地为广大人民群众分忧解难,是领导干部永恒的追求。五条标准涵盖了做人、做事、做官的方方面面,是为人民服务的基本"职业操守",领导干部只要以之为行动标尺,始终坚守这个行为规范和政治原则,坚持把人民放在心中最高位置,把为党和人民事业贡献力量作为自己的最高追求,就能成为党和人民需要的好干部。

"好干部标准"是人民群众考量干部好坏的标尺。干部好不好群众说了算。我们的权力是群众赋予的,我们的工作应该接受群众的检验。一切工作的目的都是为人民服务,都要对群众负责。工作干得好不好,群众的眼睛是雪亮的,群众的心中有一杆衡量的秤。人民群众期待好干部,群众对干部的期盼浓缩起来就是五条标准。这五条标准丈量出一个领导干部是否老老实实做人、踏踏实实做事、清清白白为官。

今天,我们号召党员干部学习、传颂和弘扬孔繁森精神,一是对孔繁森的一种祭奠、对孔繁森精神的一种弘扬;二是激励我们这个时代,激励这个时代的人,尤其是用以指导打造新时代好干部队伍的实践。只有将孔繁森精神持之以恒地贯穿我们的各项社会实践,使之在更广阔的社会层面上发扬光大,培育更多孔繁森式的先进共产党人和先进模范人物,才是对孔繁森精神最好的继承与弘扬。

结 语

坚定的理想信念是共产党人精神上的"钙"

孔繁森是在改革开放和社会主义现代化建设新时期、在党领导推进中国特色社会主义伟大事业进程中成长起来的中国共产党人的杰出代表,是党员领导干部的楷模。身为党的领导干部,他把自己毕生的心血献给了党,献给了人民,献给了西藏的改革发展,献给了中国特色社会主义伟大事业。他用生命生动诠释了一名援藏干部朴素而又崇高、深沉而又持久的崇高理想、家国情怀、公仆使命。

孔繁森精神,首先体现的就是"老西藏精神"。

孔繁森精神是中国共产党人精神谱系中一颗熠熠生辉的明星,是中国共产党精神、中华民族时代精神的重要组成部分,是继雷锋精神、焦裕禄精神之后又一精神丰碑。

孔繁森精神生发于改革开放和社会主义现代化建设新时期这一特

殊的社会历史条件和时代背景下,孕育于党对西藏改革发展、富民兴藏的战略选择和深厚关怀中,植根于中国共产党人践行初心、肩负使命的生动实践里。孔繁森精神既深刻折射着那个时代中国共产党人的理想信念、宗旨意识、担当精神和为民情怀,又照进中国特色社会主义新时代,为当代党员领导干部树立起一面鲜明的精神旗帜,为中国共产党精神的传承与发展增添了新的内容,为中国特色社会主义先进文化注入了新的内涵。

孔繁森的事迹和精神,是当代优秀共产党员、优秀党员领导干部坚定信仰、崇高精神、理想人格、家国情怀有机统一、知行统一的缩影。从本质上讲,孔繁森事迹的先进性和孔繁森精神的高尚性同雷锋、焦裕禄、郑培民等优秀党员干部的精神内核是同质的。孔繁森的事迹之所以感人至深,他的精神之所以高尚可贵,他的事迹和精神之所以在广大党员干部和人民群众中产生广泛而深远的影响,源于孔繁森相对特殊的身份与社会角色,源于孔繁森精神产生的鲜明时代背景,源于西藏经济社会发展、兴藏固边在中国特色社会主义现代化建设事业中的特殊重要性。作为改革开放和社会主义现代化建设新时期主政一方的领导干部,他的事迹不同于普通人的凡人善举。他的闻道先行、勤勉践行、执念笃行,是当代优秀党员领导干部的信仰与价值观、品德与人生观的展现。

和许多共产党员干部一样,孔繁森只是党的干部队伍中的一员;

结　语　坚定的理想信念是共产党人精神上的"钙"

与许多党员干部不同，他在创造人生辉煌的最后一二十年中，主要的社会角色是主政一方的主官，主要的社会舞台是领导岗位，所面对和要处理的主要社会关系是党与人民、干部与群众的关系。孔繁森之所以能够从一个普通党员干部成长为一名优秀的地方主要领导干部，走出一条平凡而崇高、朴素而精彩的为官之道、人生之路，与他在党的教育培养下坚持用马克思主义科学理论武装头脑、与他在艰难困苦的环境中始终保持共产党人的本色注重磨炼意志品质、与他在同人民群众的共同奋斗中始终牢记宗旨意识保持公仆情怀、与他坚持长期自觉地改造自己的世界观人生观价值观是密不可分的。

如果用一句话为孔繁森画像或者阐释孔繁森精神，那就是：他是一个亲民爱民的公仆，一个忠诚正直的党员，一个靠得住、有本事、过得硬、不变质的领导干部。

对于孔繁森的事迹，人们不禁要问，到底是什么促使他一次次带着"愿以我血献后土，换得神州永太平"的抱负，选择舍"小家"顾"大家"？是什么促使他在一生中时时处处那么自然地体现出先人后己、先公后私、无私奉献的优秀品质？……求解这些问题，对于一些人来说也许很难，但对于一个具有坚定马克思主义信仰、崇高共产主义理想信念的党员领导干部而言，舍弃权情名利的羁绊、舍小利求大成、舍"小我"成"大我"，是再自然不过的选择了。

共产主义信念即人们对共产主义理想和共产主义事业在内心的真

挚信仰，是一个人对共产主义的坚定信仰、深厚感情和为共产主义理想而奋斗的坚强意志的集中表现，是无产阶级革命者最可贵的心理品质和内在精神力量。《共产党宣言》作为无产阶级政党第一部"周详的理论和实践的党纲"，明确了共产党人的最高理想和最终奋斗目标就是为全人类解放事业而奋斗，建立每个人自由而全面发展的共产主义社会。中国共产党创立百余年来，始终坚守并践行着这个理想信念。正是在这个信念的指引和感召下，中国共产党人带领中华民族走出了屈辱和苦难，相继实现了"站起来""富起来"，并迎来了"强起来"的历史性飞跃。党的十八大以来，习近平总书记多次强调理想信念是共产党人精神上的"钙"，反复强调党员干部要补足精神之"钙"。

2016年6月28日，习近平总书记在主持中央政治局第三十三次集体学习时强调："要固本培元，把加强思想政治建设摆在首位，引导党员特别是领导干部筑牢信仰之基、补足精神之钙、把稳思想之舵，坚定中国特色社会主义道路自信、理论自信、制度自信、文化自信，增强党的意识、党员意识、宗旨意识，坚守真理、坚守正道、坚守原则、坚守规矩，做到以信念、人格、实干立身。"孔繁森正是以高标准要求自己，将职责牢记在心，坚定着为人民服务的理想信念，是值得所有人学习和敬佩的时代楷模。

参考文献

[1]《马克思恩格斯文集》(第1卷),人民出版社2009年版。

[2]《马克思恩格斯文集》(第3卷),人民出版社2009年版。

[3]《列宁全集》(第二版增订版第1卷),人民出版社2017年版。

[4]《列宁全集》(第二版增订版第9卷),人民出版社2017年版。

[5]《毛泽东选集》(第1卷),人民出版社1991年版。

[6]《毛泽东选集》(第2卷),人民出版社1991年版。

[7]《毛泽东选集》(第4卷),人民出版社1991年版。

[8]《邓小平文选》(第2卷),人民出版社1989年版。

[9]《邓小平文选》(第3卷),人民出版社1993年版。

[10]《江泽民文选》(第2卷),人民出版社2006年版。

[11]《胡锦涛文选》(第3卷),人民出版社2016年版。

[12]《习近平谈治国理政》,外文出版社2014年版。

［13］《习近平谈治国理政》（第2卷），外文出版社2017年版。

［14］习近平：《之江新语》，浙江人民出版社2007年版。

［15］《习近平关于实现中华民族伟大复兴的中国梦论述摘编》，中央文献出版社2013年版。

［16］《习近平关于全面从严治党论述摘编》，中央文献出版社2016年版。

［17］胡锦涛：《全党都来学习孔繁森》，《人民论坛》1995年第6期。

［18］胡锦涛：《坚定不移沿着中国特色社会主义道路前进 为全面建成小康社会而奋斗——在中国共产党第十八次全国代表大会上的报告》，新华网，2012年11月8日。

［19］习近平：《建设宏大高素质干部队伍 确保党始终成为坚强领导核心》，《人民日报》2013年6月30日。

［20］习近平：《在纪念全民族抗战爆发七十七周年仪式上的讲话》，《人民日报》2014年7月8日。

［21］习近平：《伟大的事业需要伟大的精神》，《经济日报》2015年12月31日。

［22］《习近平在纪念刘华清同志诞辰100周年座谈会上的讲话》，《人民日报》2016年9月29日。

［23］习近平：《在2017年春节团拜会上的讲话》，新华网，

2017年1月26日。

［24］习近平：《决胜全面建成小康社会 夺取新时代中国特色社会主义伟大胜利——在中国共产党第十九次全国代表大会上的报告》，新华网，2017年10月18日。

［25］习近平：《在省部级主要领导干部坚持底线思维着力防范化解重大风险专题研讨班开班式上的讲话》，《人民日报》2019年1月22日。

［26］刘云山：《在培育和践行社会主义核心价值观座谈会上的讲话》，中国共产党新闻网，2014年1月30日。

［27］刘奇葆：《在全社会大力培育和践行社会主义核心价值观》，《人民日报》2014年3月5日。

［28］张全景：《让孔繁森精神永远发扬光大——张全景同志1995年4月8日在北京人民大会堂"孔繁森事迹报告会"上的讲话》，共产党员网，2015年10月23日。

［29］江金权：《江总书记抓党建重要活动记略》，人民出版社1998年版。

［30］中共中央党史和文献研究院：《中华人民共和国大事记（1949年10月—2019年9月）》，人民出版社2019年版。

［31］新华月报：《新中国70年大事记》（1949.10.1—2019.10.1），人民出版社2020年版。

［32］柴腾虎：《永远的孔繁森》，人民日报出版社2004年版。

［33］吉宣文：《论孔繁森精神》，《求是》1995年第15期。

［34］王立胜：《论孔繁森精神的价值生成和价值涵量》，《理论探讨》1996年第4期。

［35］中共山东省委组织部：《从孔繁森看优秀领导干部的成长规律》，《求是》1997年第8期。

［36］高军：《从孔繁森看优秀领导干部的成长规律》，《党政论坛》2004年第8期。

［37］完颜亮：《共和国脊梁之孔繁森——领导干部的楷模》，《党史博采》2012年第7期。

［38］王学俭：《新时代如何培育和践行社会主义核心价值观》，《人民论坛》2017年12月18日。

［39］孙向军：《孔繁森承载的是老西藏精神》，《西藏日报》2019年8月5日。

［40］渠长根、王静：《基于孔繁森精神的新时代领导干部人生价值取向》，《毛泽东思想研究》2020年第5期。

［41］王凤芹、胡春霞：《论孔繁森精神的新时代价值意蕴》，《安徽职业技术学院学报》2020年第2期。

［42］郑方云：《新时代视域下弘扬孔繁森精神的价值意蕴》，《山东干部函授大学学报》2020年第4期。